憎の怪談

川奈まり子

竹書房
怪談
文庫

はじめに

この本は仏教僧侶とお坊さんのご家族や親しい人々から聴いた実話怪談集です。

私の三十九冊目の単著で、怪談に限っても二十五冊目になります。今年で怪談デビュー十周年ですから、通常の実話怪談集であれば、最近はさすがに書き慣れてきました。

そこで今回もうっかり執筆依頼を引き受けてしまったわけですが、いざとなると、どんなふうに書いたものか、いつになく悩んだ次第です。

それもそのはず。私は野生のペンペン草の如きヤクザな物書きで、仏教や宗教について体系的に学んだことが一度もありませんでしたから……。

いわゆる本の虫というやつで、お蔭で仏教について何も知らないわけではないかもしれませんが、中途半端な知ったかぶりは恥ずかしいものです。

そもそも怪談界隈にも現役のご住職がいらっしゃる。

しろうとが怪談に法話を加えるのは失礼に当たってしまいますし、智慧《ちえ》や知識ではかないっこありません。

——思い悩んだ末に、私はこの本をふつうの怪談集にすることに決めました。

ただし登場するのは実在するお坊さんたち。

私たちが生きているこの世の中で私たちと同じように息をしている人物の〝本当にあった〟体験談は、たとえその人物が僧侶であれ、不思議な出来事の話であれ、興味深いものではないでしょうか。

ですから私はインタビューと書くことに集中して、仏教的な解釈は取材させていただいたお坊さんたちにお任せしました。

人選に際しては「仏教僧侶か僧侶の近親者、または日常的に僧侶と交流のある方」で「ご自身が体験したか、僧侶のそばに居合わせて見聞きした出来事をお話しになれること」を条件として、二〇二三年の十一月頃から主にＳＮＳで募りました。

宗派に若干偏りが見られますが、ご縁と巡り合わせの結果です。他意はございませんので何卒ご海容のほどを願います。

尚、僧侶にまつわる江戸時代の読み物や全国各地の言い伝えから拾った実話っぽい怪談や伝説のコーナーを設けましたので、そちらもお愉しみいただければ幸いです。

怪談の原点に回帰してやさしい文章で書くように心がけました。

なかなか怖いお話もありますが、民話や都市伝説を読むようなつもりでお気軽にお読みくださいませ。

《注記》

一、本書は体験者および関係者に実際に取材した内容をもとに書き綴られた怪談集です。体験者の記憶と主観のもとに再現されたものであり、掲載するすべてを事実と認定するものではございません。あらかじめご了承ください。

二、取材対象者（インタビュイー）ご自身の許諾またはご希望があった場合を除いて、話者のお名前や施設の固有名詞と地名の詳細は非公表とし、伏せるか仮名としました。
また、作中に登場する体験者の記憶と体験当時の世相を鑑み、極力当時の様相を再現するよう心がけています。今日の見地においては若干耳慣れない言葉・表記が記載される場合がございますが、これらは差別・侮蔑を助長する意図に基づくものではございません。

三、宗派の詳細（たとえば「真言宗智山派か真言宗豊山派か」等）も、所在地の特定を避けるために明記していない場合があることを悪しからずご了承ください。

四、紙幅を節約するため、国立国会図書館サーチで参照した資料については、文中に記した題名は作者名などから検索可能と判断して、ＵＲＬを表記しておりません。
https://ndlsearch.ndl.go.jp/
国立国会図書館が運営する美術・文化財など幅広いコンテンツのメタデータのプラットフォーム「ジャパン・サーチ」についても右に同じです。関心のある方は検索を。
https://jpsearch.go.jp/

五、作中に東日本大震災の震災津波被災地の描写があることを何卒お許しください。
復興と犠牲者のご供養に尽力した僧侶の方々による真実の体験談を記しました。

熊本地震を含めたこれまでの災害で尊い命を落とされた方々に謹んで哀悼の意を表すると共に、令和六年元日の能登半島地震の被災地の一日も早い再生をお祈り申し上げます。

目次

真宗僧侶のお念仏

幽霊画の微笑み

文弥さんの実家である浄福寺《じょうふくじ》は、一幅《いっぷく》の幽霊画の掛け軸を所蔵していた。

江戸時代に描かれた絵で、円山応挙《まるやまおうきょ》作だと言い伝えられているが、落款《らっかん》や箱書きがあるわけではない。真贋《しんがん》を検分しようという者が現れないまま、なんとなくそう信じられて今日に至っていた。

応挙の真筆画であると認められた「反魂香之図《はんごんこうのず》」や「お雪の幽霊」は、一説によれば応挙自身の美貌の愛妾《あいしょう》を偲んで描かれたとされ、美人画の風情がある。

その幽霊も、ことさらに恐ろしい姿をしていたわけではなかった。

ただ、長い黒髪が腰の下まで垂れていて、毛先の方は足と共にスーッと消えていた。

文弥さんは、物心ついた頃から、この掛け軸がたいへん怖かった。

それというのも、いつもは本堂の物置にきちんと丸めてしまってあるから大丈夫なのだが、父が掛け軸を取り出して飾ると、幽霊が紙から抜け出して廊下をさまようのである。宵闇《よいやみ》が迫り、縁側の向こうが底なしの崖のように暗くなってくると、サラサラという奇妙な音が本堂の外廊下を行きつ戻りつしはじめるのだ。

サラサラ……サラサラサラ……と、床板を軽く掃くような音である。恐るおそる障子を開けて縁側のようすを窺《うかが》ってみても、廊下には誰もいない。しかし、見ようとするたびに、若い女が異常に長い髪を引きずって歩く姿が必ず脳裏に描かれるのだった。

「高三の頃にひょんなことから魂の行方について考えたときがあって、その後たまたま本堂に件《くだん》の掛け軸が飾られておりまして……。この女性の幽霊も衆生《しゅじょう》を救ってくださる菩薩さまなのだと思って、感謝の念を胸に、あらためてお顔をじっと見つめたところ、微笑みかけてくださったんですよ」

その瞬間は、確かに彼を見つめ返して、花がほころぶような微笑を浮かべたという。

それからは縁廊下を長い髪がサラサラ撫でる音も聞こえなくなったとのこと。

お蔭さま

今からちょうど半世紀前の一九七四年のこと。当時の敦賀《つるが》気象台の記録によればこの夏の福井平野は日照りつづきで、特に八月はまともに雨が降ったのはたった一日だけだった。

暑い。暑くてたまらない。

文弥さんは手ぬぐいで汗を拭《ふ》き拭き、受験勉強に励んでいた。

高校三年生の夏休み。第一志望は東大だ。

一分一秒ともおろそかに出来ない。……だが、とにかく蒸し暑い。

今時ならエアコンという便利な物があるが、あいにく彼の家では未だに購入を「検討中」であった。エアコンは最新の電化製品で非常に高価だったのだ。

おまけに彼の一家は、古い木造家屋の寺院兼住居で暮らしていた。

伝統的な日本家屋は気密性が低い。冷やすそばから空気が抜けてしまうから電気代がかさむのだ。おまけに町いちばんの古刹《こさつ》であるゆえ、それなりに広い。

宮大工の手による昔ながらの造りの建物である。瓦を葺《ふ》いた屋根は庇《ひさし》が深く、室内に陽射しが入りづらい。谷崎潤一郎の『陰影礼賛』の世界である。そして風通しが良い。

そんなことも「まだ、いいんじゃないか？」と年寄りが言いたがる原因になって、日本の田舎に冷暖房が普及するのは時間がかかったわけである。

もっとも彼の家は寺だから、一般家庭と違って扇風機は何台かあった。

しかし、この夏、彼の家の辺りは、ブンブンと空気を引っ掻きまわす程度で足りない酷暑に見舞われていたのであった。

そこで彼は一計を案じて、家で最も涼しい場所に引っ越すことにした。

どこか？　それは納骨堂に決まっていた。

この寺の家人なら全員知っていることだが、あそこだけは四季を問わず冷涼な空気に満ちているのだ。しかし同時に、無闇に足を踏み入れて、たとえば昼寝をしたり玩具を持ち込んで遊んだりしてはいけない場所であることも誰しもわきまえていた。

そうは言っても背に腹は代えられない。目指せ東大。幸い彼は日頃から真面目な優等生だったので、納骨堂を自習に使う許可を両親に乞うたところ、あっさりと了承された。

彼の家が浄土真宗の寺であることも幸いした。

浄土真宗では盆の施餓鬼会《せがきえ》を行わない。納骨堂を参る者はなく、本堂で法話会を開きはしても、受験生の息子まで手伝いに駆りだすほど大がかりなものではなかったのだ。

彼の寺の納骨堂は、サイコロのような正立方体の小部屋で、本堂の地下にあった。

ご本尊の阿弥陀如来《あみだにょらい》像の真下にあたる四角い床の中央に小さな仏像が据えられ、四方の壁が白い布で包んだ骨壺で天井近くまでぎっしり覆い尽くされた、ちょっと西洋のカタコンベを想わせる不思議な空間だ。

窓はなく、天井に付いた蛍光灯だけが唯一の明かりである。

——階段を下りるに従って気温が低くなってゆくのが感じられ、やがて漆黒の闇が彼を迎えた。参考書を重ねて持った片手の指先で壁際のスイッチを押すと、骨壺を包む布が光を反射して部屋の壁が真っ白に明るんだ。

すべての壁に棚が何段も設けられ、遺骨を納めた骨壺が整然と並んでいる。

昔から、信徒さんたちが亡くなった家族の骨を分骨して、ここに預けることで回向《えこう》（法要などを通して故人と共に悟りと浄土への道を開くこと）を願ってきたのだ。いったい幾つ骨壺があるのか彼は把握していなかったが、百や二百では済まなかろう。

おびただしい遺骨を抱えながら、納骨堂はあくまで静かだった。

また、ここが彼にとっては肝心なところだったが、別世界のように涼しかった。

書き物をするための机と、踏み台代わりにもなる椅子が一脚、部屋の片隅にある。首に掛けていた手ぬぐいで顔の汗を拭《ぬぐ》うと、彼はさっそく、そこで勉強を再開した。

すぐに集中して、しばらくは、彼がノートに走らせる鉛筆の音と呼吸しか聞こえないような状況が続いた。

時の経つのも忘れて没頭していたが、数時間後、突然、天井の蛍光灯が点滅しはじめた。ピンピン……と微《かす》かな音を立てながら、チカチカと明滅を繰り返し、やがて完全に消えてしまった。

ところが真っ暗闇にはならなかったのである。

なぜなら壁の骨壺たちが夜霧のようなぼんやりした蒼白い光を放っていたからだ。

彼は慌てふためいて椅子から腰を浮かし、周囲をぐるぐる見渡した。

どの骨壺もほのかに輝いている。畏《おそ》れと驚きに圧倒されつつも、彼は冷静さを取り戻そうと努めた。めまぐるしく頭を働かせて、間もなくこの現象の科学的な原因を思いついた。

――リンが燃えているに違いない。埋葬の頃には墓地で人魂が見られたという。あれも骨に含まれるリンの仕業だと聞いたことがあるから、骨壺も同じ原理で光るのだろう。

だったら怖がる必要はない。そう思ってホッとしたのも束の間、こんどは骨壺が一斉にカタカタと鳴りはじめた。

カタカタカタカタカタカタカタカタカタカタカタカタカタカタカタッ！

無数の遺骨がぶつかり合う音が耳を聾《ろう》して響き渡ると、彼は震えあがって納骨堂から逃げ出した。

尚、人骨には確かにリン酸が含まれ、雨の日や湿度の高いときなどに水と化学反応を起こして光るのだと長年信じられてきたが、今ではこの説は誤りだったことがわかっている。実は人骨のリン酸は自然発光しない。

同じリンでも猛毒のリン化水素は、常温でも酸素と反応して発火するが、人の骨には含まれない。しかし古今東西、墓地で人魂が目撃されてきたのは事実なので、近頃では発光する性質を持つ細菌や球電現象に因るものだと考えられているとのこと。

とはいえ、球電現象は発光する球体が浮遊するものだし、細菌が骨をカタカタ鳴らすとは思えない。骨壺を包んでいた布に夜光塗料が使われていた可能性も考えられるが、音の原因はやはりわからない。

そういうわけで、私には文弥さんが目撃したのは怪奇現象だったように思えるのだが。

彼は階段を駆け上がり、本堂のそばの廊下に飛び出した。

このとき思いのほか家の中が暗く、いつの間にか日が暮れていたことに気がついた。

夜になったので骨壺が光り、骨が鳴り騒いだのだとしたら……。

浄土真宗は霊魂の存在を肯定していない。しかし……。

混乱しながらふらふらと本堂に入ると、家族は誰もおらず、ただ、祭壇に明かりが灯っていた。その光に彼は虫のように惹き寄せられた。

祭壇の前に佇み、ご本尊の阿弥陀如来像を見上げると、次第に心が鎮まってきた。

阿弥陀様を見つめながら、彼は自問自答した。

――納骨堂の骨壺の主は亡くなった人々だ。では彼らはどうなった？

――成仏されたはずだ。では、なぜ此の世で騒ぎを起こしたのか？

――成仏した人は菩薩になる。菩薩になって、此の世に還《かえ》っていらっしゃったのだ。

そのように考えるうちに、住職の長男である彼の頭には「還相《かんそう》菩薩」や「冥衆《みょうしゅう》護持《ごじ》の益」という言葉が、耳に馴染んだ阿弥陀経と共におのずと浮かんできた。

亡くなった人が成仏して菩薩となり、現世に還ってきて衆生《しゅじょう》を救い、救われた者もいつか死んで菩薩となって、また此の世に戻り人々を加護する「還相菩薩」の教え。

そうした目には見えない存在である菩薩や神々といった「冥衆《めいしゅう》」に護られる「冥衆護持の益」の幸せ。

落ち着いて想い起せば、さっき怪しく光っていた骨壺の中には、顔見知りだった檀家さんのお骨もあった。その葬儀の折には彼も読経《どきょう》したものだ。

――菩薩さまになって、僕の受験勉強を応援しに来てくれたんだ。

そう思えば怖いわけがあろうか。むしろ非常にありがたい。

感謝の気持ちを胸に、納骨堂に戻ってみれば、天井の蛍光灯が再び点いていた。白布に包まれた骨壺は光っておらず、ひっそりと並んでいるだけだった。

四方に手を合わせて、骨壺の故人たちに胸の中で感謝を告げると、彼はまた机に向かった。

「でも残念ながら東大は不合格で、早稲田に進学することになったんですよ。お蔭で青春を謳歌《おうか》できました」と文弥さんは言い、さらに「ふだんは目に見えない心霊は還相菩薩であり、陰から我々を護ってくださる〝お蔭さま〟なのですよ」と私に説かれた。

一般に浄土真宗は亡霊の存在を否定するものだとされており、実際、この本の企画のために募集を掛けたときも大学で学ばれている浄土真宗の学僧の方から、「幽霊や怪談などというものは騙《かた》りである」と強い調子でお叱りを受けた。

しかし文弥さんの解釈では、宗派の教えと霊の存在は矛盾しない。

「つまり生死一如《しょうじいちにょ》、英語に訳せばLiving is dyingということですよ。生と死は一つに繋がっていて、人生とは、誕生から往生までの此の世のスパンです。必ず死にゆく我らが身です」

死は往生。肉体は朽ちても菩薩となる。

それを幽霊と思う者もいる。だが恐れる必要はないというのが彼の考えだ。

「仏さまに感謝することが大切です。たとえ悪霊であっても、ご供養の心と敬意を胸に臨めば、冥衆護持の益に転ずると信じています」

死王の村――来《こ》し方の記――

酒生《さこう》文弥さんの故郷、福井県福井市篠尾町《しのおちょう》は、北陸随一の古墳の里だ。

その篠尾町の中でも、彼の生家の浄福寺がある酒生地区周辺は「酒生古墳群」と呼ばれる特に古墳が密集したエリアだ。

三世紀から六世紀頃に作られた古墳が三百基以上あるとされているが、紀元前の狩猟時代の痕跡も発見されている。緑の里山と川に挟まれた土壌が豊かな平野部であることから、大陸から渡ってきた稲作文化が広まると急速に村が発展したようだ。

だが盛者必衰の理で、村はやがて滅んだ。

文弥さんは、篠尾は元は「死王《しにおう》」と称していたのだと私に教えてくれた。

「豪族の古墳の上に建てた村だから、死王と呼んでいたのでしょう」と彼は言った。

彼が生まれた酒生山浄福寺は紀元七五三年に創建された。

七五三年といえば、浄土真宗の開祖・親鸞聖人《しんらんしょうにん》が生まれる四百年以上も前だ。

その頃は、ちょうど聖武《しょうむ》天皇が東大寺を皮切りとして日本各地に国分寺を次から次へと建立《こんりゅう》しはじめた時期である。

実は浄福寺も、東大寺に続いて建てられた国分寺の一つなのだとか……。

だが、残念ながら当初の建物を引き継いではいない。

戦国大名の朝倉氏が統《す》べていた時代には「北陸の小京都」と称されるほど栄華を極めた界隈だったが、織田信長の軍勢に攻め滅ぼされ、朝倉氏の城もろとも辺り一帯が灰燼《かいじん》に帰した。

人は滅びと再生を繰り返す。

初めに建てられた寺の遺構《いこう》は「篠尾廃寺跡《はいじあと》」として町内に現存している。

文弥さんによれば酒生一族の先祖は継体《けいたい》天皇の左大臣だったとする伝承があり、左大臣を示唆する左近《さこん》が転じて酒生という苗字になったと代々信じられてきたという。

つまり彼は神代《かみよ》の昔から代々世襲してきた寺の長子だったことになるが、大学進学を機に家を飛び出した。現在、浄福寺のご住職は彼の弟さんが務めている。

大学卒業後は松下政経塾に第一期生として入塾。二年で退塾した後に大学院進学、米国留学を経て、仏教学と比較宗教学の博士課程単位満了。大学教諭の傍ら得度《とくど》して、浄福寺副住職、厳正寺《ごんしょうじ》副住職、真照寺《しんしょうじ》住職を歴任。

真照寺を退任後、二〇〇三年に浄土真宗本願寺派寺院・光寿院《こうじゅいん》を建立、院主《いんじゅ》を務めて現在に至る。光寿院のホームページに載せた自筆のエッセイに、彼はこう記していた。

「念仏（永遠である今を生かされ抜くこと）を心がけましょう！」

下野の寺

栃木県栃木市在住の大学院生・Tさんからお話を伺った。

Tさんは真言宗の寺に生まれ、現在そこの副住職をしながら、都心にある某私立大学大学院に在籍しているのだが、実は大学院に進んだのはこれが二度目。

大正大学仏教学部を卒業後、まずは同大の大学院で修士卒業。その後、住職である父の仕事を手伝いながら、別の大学院で某国文学者の研究をしはじめたとのこと。

「勉強がお好きなんですね」と思わず私が言うと、「ええ、まあ。小学校のときから国語が得意で」とTさんは謙遜《けんそん》された。

「国語が出来るとしてもですよ。ご自宅から学校まで電車で何時間かかりますか?」

「約三時間ですね。五時台に家を出発すれば八時台には到着します」

「毎日ご旅行されているようなものじゃないですか。たまには遊んでいらしゃいますか?」

「電車で本を読んでいますから大丈夫です」

とにかく真面目な人柄で、禁煙禁酒と菜食主義を心がけ、通学に往復約六時間も費やしているせいもあり、学問と読書以外は寺の仕事ばかりしている。

そんなTさんの奇妙な体験談を以下に記す。

里山の墓地にて

栃木市は、河川を利用した水運と日光街道の往来によって古くから商都として栄えた。宿場町であり問屋町でもあった名残で、現在も、瓦屋根の商家や白壁の土蔵が街なかにある。

ただし、江戸情緒が香る町並みが見られるのは、早くに拓《ひら》けた中心街や川沿いだ。Tさんが暮らす寺は、その辺りからローカル線で一時間あまり先の郊外にあり、周辺は田園と低い里山がモザイク状に連なっている。

空が広い、典型的な関東平野の眺めである。およそ四百年間に彼の寺が創建されたときから変わらぬ景色であろう。寺は三方を竹林に囲まれ、庭に樹齢四百年の松の木がある。

庭掃除はもっぱらTさんの仕事だ。正月は護摩《ごま》を焚《た》き、春から秋までは施餓鬼、彼岸《ひがん》、お盆があり、合間に法事が入るから、けっこう忙しい。

近隣の七ヶ所に点在する墓地の維持管理にも手が掛かる。長い年月の間にさまざまなことがあり町内のあちこちに墓場を持つことになった。家族総出で手入れをしているが、毎日すべての墓地の草むしりをするわけにもいかず、結局、毎年七月から八月のお盆直前にかけて、電動の草刈り機など用いて徹底的に整備することになる。

その日も朝から母と二人で里山の墓地で草を刈っていた。

縦八十メートル、横四十メートルぐらいの見晴らしのいい傾斜地に、百五十基あまりの墓が建っている。しばらく放っておいたので腰の高さまで雑草が生い茂っていた。

昼は持ってきた弁当を母と二人で食べ、午後から再び作業を再開した。

西側の方を刈り残している。刈れたのは全体の半分といったところだ。日が暮れてきたら作業が出来ない。今日中に終わらせるのは難しそうだな、と、彼は思った。

青い草いきれの中、電動の草刈り機を使う音が鳴り響く。いつものことだが、全身に振動を感じながら黙々と草刈り機を動かしていると、やがて頭がジーンと痺《しび》れてくる。

暑さや疲労に麻痺してきて、時間の経過にも鈍くなる。何も考えず黙々と草を刈って刈って刈りつづけるうちに、眼下に広がる田畑の彼方にある山の尾根の方から一条の光が差してきて、十メートルほど先の地面に突き立った。

まるでレーザー光線のようだ。尾根が重なる狭間で真っ白に輝く起点。そこから斜め四十五度ぐらいに真っ直ぐ伸びた光が、草藪に隠された地面の一点を指している。

こんな現象は初めて見る。Tさんは軽い興奮を覚えて草刈り機を止めた。光の束は直径七、八十センチ。熱そうに見えたが、近づいてみたところ、周りの空気と温度が変わらないことに気づいた。ますます不思議である。

夢中で草を掻き分けて進んでいくと、地面に落ちた円い光が犬の屍骸を照らしていた。中型の日本犬のようだが、すっかり干からびて骨になりかけている。いつのまにか後ろをついてきていた母がアッと一声叫び、すぐに「よく見つけたね」と彼に話しかけてきた。

「光線が」と彼は説明しかけて、途端に、光が消えていることに気がついた。

――祖父も、こんなふうに亡骸《なきがら》を指し示されたのかもしれない。

生前の祖父から聞いたことがあったのだ。両親が結婚する前のことだ。この墓地の片隅で身許のわからない男性の亡骸を見つけて、祖父がみずから供養したという話を。

祖父は「自死されていた」とだけ言っていた。どんな方法で命を絶っていたのか、どのように発見に至ったのか、あえて聞き出したことはなかったけれど、同じように光に導かれて遺体を見い出したのではないか。

かつての祖父のように、今度は自分が名指しされたのだ。彼は、墓地の隅に生えている山桜の根もとに犬の墓を作り、不思議な縁を感じながら手を合わせた。

生類の哀れ

真言宗を開いた弘法大師は「毛鱗牙角共沐平等之智水優遊不染之蓮藏」と説いた。

――羽毛あるもの、鱗があるもの、牙や角があるものたちも、みんな平等に悟りの智慧の恩恵を受けて、汚れなき世界で心のままにのんびりといられますように。

真言宗で阿弥陀如来の浄土を示す「蓮華蔵《れんげぞう》」という言葉があるところを見ると、どんな生き物も阿弥陀さまの浄土へ行けるという意味になるだろうか。

真言宗は霊魂の存在を認めている。霊魂は、人間だけではなくすべての生物に宿り、肉体を喪失しても消えるわけではなく、大日如来のもとへ帰還してゆくのである。

そのためだろうか。Tさんが暮らしている真言宗の寺には、死期を悟った動物がやってくるという。

里山に囲まれた田園地帯という場所柄か、狸が多い。見る影もなくガリガリに痩せこけて、足もとがおぼつかないようなのがやって来て、人が近づいても逃げるそぶりがない。

腹を空かしているのかもしれないと思って餌や水を与えてみても、たいがいは口をつけようとせず、すぐに息を引き取ってしまう。

イタチやハクビシン、近所の川に棲んでいたと思われる水亀も、瀕死の状態で現れるか、さもなければ死後間もない亡骸で見つかる。

そういうことがあまりにも頻繁に起こるので、野生の生き物たちの世界で、良い死に場所としてこの寺が案内されているかのようである。

生き物の亡骸は、どれも分け隔てなく弔《とむら》ってやることにしている。

だから彼は、寺の外で猫の屍骸を見つけたときも見捨てることが出来なかった。

盆の時季で、彼は夏用の法衣をひるがえして棚経《たなぎょう》をして廻っていた。原付バイクで檀家さんの家を忙しく飛びまわっていたところ、道路に猫の屍骸が落ちていたのである。

黒ドラの成猫。だが、胴体が血塗《ちまみ》れで平たく潰れ、生々しい内臓が飛び出している。

野良猫だと思われた。そこは森を貫く一本道で、周囲三キロ四方に人家がなかったのだ。

彼は原付の速度を徐々に緩めた。屍骸のそばの路肩に停まるつもりだった。

しかし一向に屍骸に接近できない。二十メートルあまりの距離を保ったままで、速度を上げても近づけなかった。おかしいな……と思いつつ尚も原付を走らせた。

彼と猫の屍骸は一定の間隔を空けたまま森の道を進んでいった。

この先はどうなるのか。だんだん不安になってきたが、森の出口が見えてきて一瞬目を逸らした拍子に屍骸が消えた。

胸のうちで手を合わせつつ、彼は次の訪問先へ向かった。

幽霊を追いかけて聲明《しょうみょう》を唱えた話

Tさんが二十五歳のときの春、祖父が亡くなった。

――冬を越せただけでも奇跡だ。良い人生だった。素晴らしい和尚《わじょう》さんだった。

葬儀に参列した人々の多くが泣き笑いの表情で祖父を讃えていた。田舎寺の住職として祖父は充実した人生を送った。孫としても誇らしかった。

ゴールデンウィーク中のある日、彼は家で留守を守っていた。剣道三段。番犬代わり兼電話番を両親からおおせつかった次第だが、閑《ひま》だった。

祖父が建てた、本堂と棟続きの木造の家で、良くも悪くも昭和の趣が濃い。風通しは良いが防音が考えられていないから、茶の間のテレビを点けたまま台所に行くと観ていた番組の音声が丸ごと聞こえた。今どきのモダンな住宅に比べると採光も悪い。まだ午後四時だというのに廊下や階段に暗がりがわだかまっていた。『陰影礼賛』の世界である。

飲み物を持って再び茶の間へ……。座布団を枕にして寝転がり、テレビを眺めた。

観ていた番組が終わり、卓袱台《ちゃぶだい》のリモコンを取ってチャンネルを変えようとしたとき、視界の端を人影がよぎった。跳ね起きて振り向くと、開けっぱなしにしていた引き戸の向こうを年輩の男が通り過ぎていくところだった――泥棒だ！

折しも関東地方一円の寺院や神社に窃盗団が出没して盛んに報道されていたのである。男は手ぶらのように見えた。今ならまだ盗みを止められるかもしれないと思い、彼は素早く二階の自室から竹刀を取ってきて茶の間に駆け戻った。

廊下に出て見回したが男の影は見当たらない。走りまわって賽銭箱や石仏の無事を確認し、池の鯉の数を勘定しかけて、水が跳ねた形跡もないことに気づき、我に返った。

よくよく思い返せば、さっき見た去り際の男の姿は、住職として忙しく働いていた頃の祖父に瓜二つではないか……。頭に上っていた血がスーッと下りた。

仏教の教義に照らせば祖父はもう成仏しているはずだが、中国の十王《じゅうおう》信仰によれば、四十九日のうちは死者の魂は此の世に留まっているという……。

……いや、怖がっていけない！　仏心《ぶっしん》をこの身に呼び覚ますことが即身成仏《そくしんじょうぶつ》であるならば、生身の自分にも今すぐ成仏することが求められるわけで、祖父の成仏の成否をうんぬんするなど修行が足りぬ。幽霊が出たときは供養に努めるべし。

彼は法衣に着替えてくると本堂に行った。祭壇の前に正座して、袖の中で印を結び、厳《おごそ》かに四智梵語《しちぼんご》を唱えはじめた。真言宗で葬儀のときに唱える聲明で、大日如来の四つの智慧を讃嘆する声楽曲だ。独唱するうちに心の平安を取り戻したとか。

お岩さまの菩提寺へ

お導き

盆入り前のその日、松村さんが東京の下宿から生まれ故郷の兵庫県宍粟《しそう》市山崎町与位《よい》へ向かったのは、父の墓参りをするためだった。

東京から与位は遠い。早朝に出発したのに、最寄のバス停でバスから降りたときには正午が迫っていた。ここから二十分も歩いた先に、小学五年生まで暮らした寺がある。

昔そこで彼の父が住職をしていた。……宿を取っていないけれど、今の住職に頼めば一晩くらい泊めてもらえるだろうか。

例年は住職や村の幼なじみにひと言連絡を入れてから与位に来るのだが、今年は誰にも知らせていない。母や弟と父の御霊《みたま》を迎えたい気持ちと、父の墓参りとの間で思いが揺らいでいるうちに時季が迫ってしまったのだ。

今年は弟が予備校の夏期講習のために来られず、母が弟と残ると言うので、結局、彼が家族を代表して一人で与位を訪ねることになった。

来年からはもっと気軽に来られるようになるだろう。

先頃、兵庫県の公立学校教員採用一次試験に合格した。ダメもとで受けた東京都の試験が一次で落ちたのも何かの運命。兵庫の二次は落ちる気がしないから、たぶん自分は兵庫県内の公立学校で教師になるのだ……と彼は思っていた。

彼は川沿いの道をせっせと歩いた。

この揖保川《いぼがわ》でよく遊んだものだ。

子どもの頃は大河のように感じていたのに、二十二になった今見ると数歩で渡れそうな川幅だ。水面から突き出た石に水が弾けてきらめいている。

——五年前のことを想い出した。

本山で荼毘《だび》に付した父の遺骨を納めた骨箱を抱いて母と弟とこの道を歩いた。

あの日、新潟県三条市の本山から来たときも、与位は遠かった。

「与位の森に帰りたい」と父は生前、口癖のように言っていた。

十九のときに結核で死にかけたそうで、父には片方の肺が無かった。そのため体が弱く、疲れて気力が落ちてくると、しきりと与位を懐かしがっていた。

父は新潟出身だ。故郷でもない兵庫の山奥に執着した理由は、ここが五十四年の生涯で最も充実した日々を過ごした場所だったからだ。与位にいたときの父は若い住職として檀家さんたちに慕《した》われ、村の相談役としてあてにされていた。それにまた、父にしては元気で、母と一緒に彼と弟を生み育てる時期とも重なっていた。

三条市の法華宗総本山に呼び戻され、塔頭寺院を任されてからは気を張り通しだったのだと思う。亡くなる前の二、三年は体調が優れず、寝込むことも多かった。

だから父が倒れたと思ったらあっけなく逝ってしまったことには驚かなかったし、与位の善性寺の墓に入れてほしいと書き遺していたのも意外ではなかった。

やがて寺に着いた。若い頃の母が庫裡《くり》の裏口を開けて出てきそうなほど、あの頃と少しも変わらない景色だ。蟬の声がかしましく、深い森の後ろから入道雲が顔を覗かせていた。

黙って墓地へ行き、水場にいつも置いてあるバケツに水を汲んで、父の墓へ向かった。リュックサックから雑巾と軍手を取り出して、雑草を引き抜き、墓を磨いた。

ここが家族の墓になるのだろうか……などと考えながら墓掃除を手早く済ませて、水場で手と顔を洗うと、彼は本堂の裏にある住職の家を訪ねた。

玄関へ迎え出てきたのは、住職の妻だった。目を丸くして彼の顔をまじまじと見つめ、「立派になられて」と言った。ここまでは想定の範囲内だったが、彼が「ご無沙汰しています」などと挨拶をしても、耳に入っていないかのように驚愕の表情のまま視線を宙にさまよわせるので、何かと思った。

挙句に、心なしかやつれた頬に手を当てて「ちょうどよかった」などと独《ひと》り言《ご》ちる。

「なんですか？　何かありましたか？」

住職の妻はすぐには答えず、「とにかく上がって」と彼を急かした。

――どういうことか思えば、住職が老親の介護のために実家に戻ることを希望しており、後任を探さなくてはならなくなったのだという。

住職は主だった檀家数名を本堂に招いて、彼に事情を説明した。

「父が急に倒れてしまって、私の他に面倒を看《み》る者がないんだ。現状妻にも協力してもらってここから実家の方に通って介護しているが、遠くてね……。私たちも若くないから、無理が利くのはあと三、四年がいいところだ。松村くんなら与位のこともよくわかっているし、この寺を引き継いでもらえれば助かるんだよ」

住職がこう言うと、「松村さんの御子息が来てくれるなら、それがいちばん良い」と檀家も口を揃えた。中には親にくっついてきた彼の幼なじみもいて、顔を輝かせてこう言った。

「お父さんに導かれたんだよ」

その瞬間、その通りなのだろうと納得してしまったのは、東京の教員採用試験に落ちて、兵庫県の一次を通過したこのタイミングだったからだ。

もしも東京の一次に受かっていたら断っただろうし、兵庫の一次も落ちてしまっていたとしたら、この夏は就活に集中するために墓参りをパスした可能性が高い。

また、例年と同じように家族三人で来ていたら、父の苦労を知り尽くしていた母に再考を促されたかもしれない。

――しかし父ならば「このお誘いを受けなさい」と言うのではないか。

高一のとき、父に強く勧められて得度させられた。今にして思えば、あのときの父は、まるで先が短いことを予見していたかのようだった。

法華宗には世襲する習慣がなく、父自身も寺の子どもではなかったのに、不思議なほど熱心に彼を説得して僧籍《そうせき》を持たせた。

その後、父が亡くなり、その死について思いを巡らせながら立正大学の仏教学部に進学したのも、彼の胸の裡《うち》では一筋の川のように自然な流れだった。

彼は意を決した。幼なじみや住職たちの顔を見渡すと、熱い気持ちでこう述べた。

「こういう運命のもとにあったのだと思います」

――以上が、現在〝お岩さまの菩提寺〟という異名で知られる西巣鴨の妙行寺《みょうぎょうじ》で住職をしている松村観宗《まつむらかんしゅう》さんが、仏道に進むきっかけとなった不思議な巡り合わせの経緯だ。

「前のご住職の親が倒れるのが次の年だったら、僕はふつうに墓参りして、たぶん兵庫県で学校の先生になっていました。また、大学卒業の年でなければもっと躊躇したはずです。絶妙なタイミングでした。……やはり父に導かれたのでしょう」

松村さんはそう言って、「弟は僧侶にならなかったんですよ」と付け加えた。

「僕自身も、あの日まで、教員か会社員になろうと思っていましたから。仏教学部で学びましたが坊主になりたかったわけではなかったので。でも、後になってみたら学んでおいて良かったわけです。運命論には与しませんが、導かれることはあると思います」

彼の父も、元から僧侶になるつもりではなかった。町工場の跡取り息子だったが、重い肺結核で医者に匙《さじ》を投げられて死に瀕した。そのとき法華宗の寺で祈祷《きとう》を受けたところ奇跡的に命を長らえ、自分を救った僧侶に弟子入りを志願したのが始まりだったという。

ゆくりなくも導かれて……といえば、松村さんが妙行寺に来ることになったのも、たまたま父の兄弟子が、先々代の妙行寺住職になったことに端を発する。

「兵庫の与位の寺を任されることを承知してから、住職資格を取りました。そのためには高位の僧侶に師事しながら修行を積む必要があり、与位の住職に相談して、父の兄弟子にコンタクトを取ったら、たまたま西巣鴨の妙行寺の住職になっていらした。そこで四番弟子にしてもらって……。それからは、行事があるごとに妙行寺に呼ばれて、兄弟子たちと住職の仕事を手伝っていました。その他に三条市の総本山でも年四十日の山籠もりを含めて二年間修行して資格を取って、あらためて与位の寺の住職になったんです」

一九八八年から三十一年間、その寺で住職を務めた。

「でも過疎化が著しく、檀家さんが年々減って……。うちは子どもが三人おります。最終的には経済的にかなり困ったことになってしまいました」

窮地を救ったのは、またしても偶然の成り行きだった。

「その頃、妙行寺の住職に就いていた先々代の三番弟子だった方から住職を代わってほしいと頼まれたのです。私のすぐ上の兄弟子にあたるわけですが、まだ還暦そこそこで、住職としてはこれからという年齢でした。でも事情があって還俗《げんぞく》されるから、と……。思いも寄らないことだったので驚きました。しかし非常にありがたかったものです。令和元年十一月一日に辞令を受けて、妙行寺の住職になりました」

――御父君の墓をどうされるおつもりか松村さんに尋ねそびれたが、きっとまた何かに導かれて、善き結末へ流れつくのではないかと思われる。

妙行寺の「田宮岩」実在説を検証する

読者の皆さんは、四谷怪談のお岩さまをご存じだろうか。

歌舞伎や映画で『東海道四谷怪談』を観たことがあれば無論のこと、もしかすると一度もご覧になっていなくても、片目の辺りが大きく腫れあがったグロテスクな顔や、長い黒髪を振り乱した女の幽霊の姿は、なんとなくイメージできるという方が多いかもしれない。

あるいは、知っておいて損はない豆知識として、四谷怪談やお岩さまについて一通りのことは把握している方もいらっしゃるのではないか。

たとえば、牡丹燈籠《ぼたんどうろう》のおつゆ、皿屋敷のお菊と並ぶ日本三大幽霊の一人だとか。

または、元禄時代に江戸の雑司ヶ谷《ぞうしがや》の辺りで起きた事件を基にした芝居だとか、お岩さまは夫の伊右衛門に裏切られ死んでも死にきれずに怨霊になったのだとか、原作者は江戸時代後期の戯作者・四世鶴屋南北だとか……。

本書を手に取った読者さんは十中八九、怪談がお好きだろうから「お岩さまは実在した人物だという説がある」と、どこかで見聞きされているかもしれない。

しかし、現実に存在した女性だと本気で信じている方は、ほとんどいないと思われる。

かく言う私も、去年、四谷怪談の本（講談社刊『眠れなくなる怪談沼　実話四谷怪談』）

を書くまでは、架空の人物に決まっていると決めつけていた。

スマホやパソコンで検索すれば、お岩さまは西巣鴨の法華宗長徳山・妙行寺の墓所に眠っているという情報が出てくるわけだが、まずもって、そこから怪しい。

雑司ヶ谷でも四谷でもなく、なぜ西巣鴨なのか。

実際、お岩さまの墓については眉唾モノだと言う学者や作家は、昔から多かった。

懐疑派の筆頭は、明治から昭和初期にかけて活躍した江戸文化の研究家・三田村鳶魚《みたむらえんぎょ》。

鳶魚は、最後にお岩さんが失踪したとする文政時代の公文書「於岩稲荷由来書上《おいわいなりゆらいかきあげ》」に鑑《かんが》みて、「供養塔なら不審もないが、墓所なのだからお話にならぬ」と真っ向から否定した。

さらに、お岩さまの墓や鳥居が新しすぎる点や、墓の中に遺骨が入っていないらしいという噂についても鋭く指摘したものだ。

——ところが、一昨年の五月頃から取材しはじめたところ、お岩さまの実在と妙行寺の墓の信憑性が高いことを示す物的証拠が、次第に集まりはじめたのである。

たとえば、比較的早い段階で、件の「於岩稲荷由来書上」に、こんな記述を見つけた。

《田宮家の菩提寺、元鮫河橋南町、俗に千日谷、日蓮宗妙行寺へ頼み屋敷内へ稲荷をまつって、妙行寺において追善供養を行った》

西巣鴨の妙行寺は法華宗陣門流だ。しかしながら「南無妙法蓮華経」と唱える日蓮を祖とする法華宗全体が日蓮門下の一派であり、日蓮宗と書くのは雑ではあるが誤りではない。また、ここに記された地名「元鮫河橋南町、俗に千日谷」について調べてみると、現・新宿区若葉地区であることも判明した。四谷に近いJR信濃町駅付近。田宮家から徒歩圏内で、菩提寺だったとしても不自然ではない。

次いで私は、講談版「四谷怪談」の速記本にも「妙行寺」の名を見つけた。

講談の四谷怪談は、登場人物のキャラクターとストーリーが似通っていることから、「於岩稲荷由来書上」などより百年も前に記された実録読み物『四谷雑談集《よつやぞうだんしゅう》』のお岩さまの物語を基に作られたと推察されており、歌舞伎よりも前に成立していたとする説が有力だ。

おまけに、行政の記録にも、妙行寺が「明治二十二年東京市区改正告示案」の発布により、明治四十二年に鮫河橋から西巣鴨に強制的に移転させられたことが記されていた。

移転と改葬に際して墓石を新調するのは不自然なことではない。

明治生まれの鳶魚が見たときにお岩さんの墓が新しかった理由は、これで説明がつく。

しかも鳶魚が絶大な信頼を寄せていた「於岩稲荷由来書上」は、後に『四谷雑談集』の写本が再発見されて注目を集めた結果、だいぶ信用を失った。

まず〝書上〟が〝雑談集〟と内容が酷似していることが明らかになった。参照してデッチ上げた可能性が生じたわけである。そうなってくると、『東海道四谷怪談』の初演から二年後という発表のされ方も、なんだか怪しく思われてくるではないか……。

また〝書上〟には文政八年にお岩さまの祟りを鎮めるために追善供養が行われたとあるが（後述する）寺の過去帳にはそのような記載は存在しない。

そんなわけで、鶴屋南北が役人に袖の下を掴ませて、祟りを実話であるかの如く〝書上〟に記すことで宣伝に利用したのではないか、と、国文学者の郡司正勝《ぐんじまさかつ》は唱えた。

また、作家の小池壮彦《こいけたけひこ》は、公文書を作らせた側に田宮伊右衛門の「タミヤ」に似た「マミヤ」という者や、夭逝した「岩」という女性を親族に持つ者がいたという調査結果を著書『四谷怪談　祟りの正体』で発表した。世間の風評を恐れた者たちが、「これが真説だ」とばかりに、四谷の於岩稲荷にまつわる話を書かせたのではないか、という仮説である。

――妙行寺は、かつて田宮家の菩提寺として四谷付近に存在した。

そのことについて確信を深めつつあった矢先に、私は、妙行寺のご住職・松村観宗さんから鮫河橋時代の本堂の写真を見せていただくことになった。

最初からそのつもりだったわけではなく、昨年の一月、取材で訪れたところ、松村さんが「ついこの前、鮫河橋で撮影された本堂の写真が発見されたところなんですよ」とおっしゃって、写真のコピーを示しながら経緯を説明してくれたのである。

「納骨堂の工事のために、うちの寺の全施設の行政調査が行われて、そのとき調査に当たった行政書士さんが、鮫河橋で撮られたこの写真を発掘してくださったんです。検分したところ、今の本堂と寸分たがわない建物でした。四谷の方から西巣鴨に移築したことが明らかになりました。現代では建てられない規模の木造建築だそうですよ」

　松村さんは事前に寺の過去帳も調べてくださっていた。

　それによれば、妙行寺は江戸初期の寛永元年に建立され、お岩さまこと「田宮岩」は寛永十三年二月二十二日に享年三十六で没しており、戒名は得證《とくしょう》妙念信女《みょうねんしんにょ》だったとのこと。

「うちで寛永十三年に田宮岩さんのお葬式を挙げさせていただいたことは間違いありません。でも伊右衛門さんについては、寺で配っている先々代が書いたリーフレットには無念即正禅定門《そくしょうぜんじょうもん》という法名や没年などが記されていますが、法華宗なら欠かさず入れる院号や日号がなく、過去帳にも記録がないので、他所のお寺さんで弔われたのだと思います。先々代は鮫河橋の初代妙行寺住職の子孫だったので、伊右衛門について代々の口伝で何か聞いていたのでしょう。亡くなって久しく、もう詳しい事情を知る者もおりませんが」

「伊右衛門さんたちが亡くなった寛永年間だと、檀家制度が確立していませんよね？」

「はい。その頃は寺請制度が出来る前で、家族が同じ寺の墓に入らなくてはいけないという決まりがありませんでしたから、別の場所に葬られたのでしょう。先々代が書いたリーフレットでは歌舞伎の四谷怪談と同じように伊右衛門が悪者になっていますが、私は、田宮家に伝わる話の方が真実に近いのではないかと考えています」

「田宮家は今でもこちらの檀家さんですし、信じて差しあげたいですよね」と私は応えた。

お岩さんと伊右衛門さんは仲睦まじい夫婦だったと田宮家では言い伝えられている。

「ただ、そうなると……」と松村さんは顔を曇らせた。

「お岩さんの没後八十四年後の享保四年に追善供養をした理由がわかりません。〝わざわい〟を取り除くためだったと伝えられているだけで、具体的に何があったのかは不明です。しかし過去帳には当時の住職・四世日遵《にちじゅんしょうにん》上人が法要を開いた上に、お岩さまの戒名を格上げして得證院妙念日正大姉《とくしょういんみょうねんにしょうたいし》に改めたと確かに書かれているんですよ」

「わざわいとは、流行《はや》り病のことかもしれませんよ」と私は言った。

享保元年頃から強い感染力を持つ熱病が江戸市中に蔓延したという記録がある。

「たちまち八万人も亡くなったとか……。写本に享保十二年の奥付のある『四谷雑談集』には熱に浮かされて譫妄《せんもう》状態に陥った挙句に死ぬ人々が大勢出てきます。祟りのせいにされていますが家庭内感染としか思えない描写もあるので……田宮家の人たちも大勢亡くなったのではないでしょうか。法要が行われたのが享保四年なら時期も合います。……過去帳にあるということは、お岩さまは本当にここのお墓に眠っているんですね？」

「ええ。改葬のためにお墓を開けたら骨は土に還っていたそうです。しかし副葬品の櫛と鏡は無事だったので、あらためてお墓に納めたと聞いております」

お岩さまが葬られてから改葬されるまで二百七十年以上の時が流れている。実は日本の土壌は酸性度が高いことが多く、特に夏季に高温多湿となる地域では、土葬された亡骸は、百年と経たずに遺骨が分解されて消えてしまうことも珍しくなかったそうだ。

田宮家の伝承では、田宮一族は慶長八年の江戸開府と同時に、伏見稲荷《ふしみいなり》系の屋敷神を背負って、駿河の方から上京してきたとされている。一六〇三年のことだ。

お岩さまが三十六歳で亡くなった寛永十三年はまだ江戸初期で、西暦は一六一七年。

広坂朋信《ひろさかとものぶ》の訳注によれば『四谷雑談集』に描かれているのは一六六一年から一六七三年の寛文年間に起きた出来事だそうだから、失踪した〝雑談集〟のお岩さまは、江戸初期から妙行寺のお墓に入っているお岩さまとは別人ということになる。

それもまた、おかしなことではない。二音節の女性名は江戸時代には一般的で、江戸時代のいくつかの宗門改帳《しゅうもんあらためちょう》を見る限り、「いわ」も珍しい名前ではなかったと思われるからだ。

彼女の墓が妙行寺にあることには、結局、何の不思議もなさそうだ。

妙行寺ではお岩さまを仏教の守護神「於岩霊尊《おいわれいそん》」として祀《まつ》り、古くから寺に伝わる於岩様御尊像を二月二十二日の祥月《しょうつき》命日などに公開している。

——今年の祥月命日法要の折に私も南無南無と御尊顔を拝謁《はいえつ》したが、怨みや祟りとは縁が無さそうな、優しい面差しのふくよかな女神像だった。

龍と僧

ここでは今年の干支、辰年にちなんで、龍と僧侶が登場する各地の伝承をご紹介する。

現代に具体的な痕跡を残す、言うなれば〝実話的〟な話を三つ選んでみた。

ちなみに現代語にするにあたり場面が目に浮かぶように意訳したので、各伝承にご興味を持った方にはアカデミックな研究者による論考や原典を当たっていただきたいと思う。

私としては、とりあえず昔話のような読み物として味わってもらえれば幸いである。

いずれも観光資源化されているので、静かに訪ねられてもいいかもしれない。

◇龍の池（石川県輪島市《わじまし》・舳倉島《へぐらじま》の伝説）

加賀藩が輪島港を治めていた頃、この港の沖合いにある舳倉島で一旭上人《いっきしょうにん》という位の高い僧が島民に説法を説きはじめたところ、やがて島の者たちがこぞって聴きにくるようになった。

ことに、一人の女は、一日も欠かさず一旭の庵を訪れた。

たいへん熱心なことに一旭が目を留めて女にわけを尋ねると、彼女は自分の正体は龍なのだと彼に打ち明けた。

「私はこの島の池で死にました。どうか成仏させてください」

そう言って涙を流すので、一旭が島民たちと池をさらうと、果たして本当に大小二頭の龍の骨が現れた。

母龍が女に化身《けしん》して現れたのだ。一旭は読経し、哀れな龍の母子を成仏に導いた。しかし島民は父龍が未だ島の近くにいると思い、池のほとりに龍神の社を建てた。この池は水底が龍宮城に通じているため決して涸れない。

令和の今も石川県の舳倉島には竜神池という池があり、その岸辺には龍神を祀る無他神社が佇んでいる。また池を見下ろす丘の上に建つ観音堂は、一旭上人の庵の名残だという。

◇日蓮上人と紅龍（山梨県南巨摩《こま》郡・七面山《しちめんざん》の伝説）

日蓮上人は鎌倉幕府に正しい法を三度も説いたが聞き入れられず、甲斐国身延《かいのくにみのぶ》で草庵を結んだ。身延山や七面山をはじめとする山々や渓流に囲まれた小さな庵で、弟子の他は訪ねてくる人とてなかったが、ある日、突然、年若い娘が説法《せっぽう》を聴きにきた。

そのとき日蓮は石に腰かけて弟子たちに、「生きとし生けるものは皆、成仏できる」という法華経の教えを説いていた。

山奥に似つかわしくない美しい姿かたちの娘がたった一人で現れたので、弟子たちは不思議に思ってざわめいた。日蓮だけは落ち着いて、娘に正体を訊ねた。

すると娘はすぐには答えず、上品に水を所望した。そこで彼がただちに水を一滴、振りかけると、娘はたちまち紅龍に姿を変えて、自分は七面大明神であると名乗った。

そして「私は身延山の裏鬼門を抑え、法華経を信ずる方々を末代まで守護します」と誓って、七面山の方へ空高く飛び去ったという。

――この一幕の間、日蓮上人が腰を下ろしていた石は高座石と呼ばれ、身延町の日蓮宗寺院・妙石坊で現在も大切にされている。

七面大明神と名乗った紅龍は〝紅〟が紅一点や紅涙のように女を表すことから、あるいは紅色ではなかったかもしれず、「身延山七面神示現」と題する浮世絵でこの場面を描いた絵師の歌川国芳は龍を淡い水色で表現した。

なぜ雌の龍が現れたのか。当時の諸宗は人であっても男性以外は成仏できない、まして や獣などは……と教えていたが、日蓮は法華経の「皆成仏」の思想を説いたせいだろうか。

日蓮の没後、弟子の日朗上人ら一行は、七面山に七面大明神を祀ることにした。

道中は苦難の連続であった。前人未踏の道なき道を進み、疲れ果てたときに、折よく岩陰で休むのにちょうどいい巨岩を見つけた。そこでさっそく休憩しようとしたそのとき、一転、にわかに空が暗くなった……と思えば、それは巨大な龍の影であった。

龍は岩の上に降り立った。

この七面大明神の再降臨を記念して、日朗は「影（姿）を現す」という意味を込めて巨岩を影嚮石《ようごうせき》と名づけ、影嚮宮という祠《ほこら》を建てて奉じた。

今日の七面山の寺院・七面山奥之院は影嚮宮の霊跡であり、現在も七面大明神が降りてきた巨岩・影嚮石が境内に祀られている。

また日朗上人は、七面山の山頂に、七面大明神を祀る寺院・敬慎院を開いた。ここは身延山の裏鬼門に当たり、あのとき紅龍が守ると誓った場所である。

◇修行僧と九つの頭を持つ龍（長野県長野市・戸《と》隠山《がくしやま》の九頭龍伝説）

嘉祥二年というと西暦では八五〇年だから、千二百年近くも前のこと。

学問という僧が飯縄山《いいづなやま》で修行していた。学問は西に向かって七日の間、一心に祈りを捧げ、最後に飯縄山の西方にそびえていた高い山へ向かって独鈷《どっこ》を投げた。

独鈷は長い弧を宙に描いて飛んでいき、やがて巨大な洞窟の前で地面に落ちた。僧・学問は急いで行って独鈷を拾うと、洞窟に向かって読経した。するとすると南の方から厭《いや》な臭いのする一陣の風が吹きつけると共に、頭が九つある龍が彼の目の前に忽然と現れた。

――尚、原典ではこの龍を「九頭一尾の鬼」と書き表しているが、この時代には異形のものなら何でも鬼と呼ぶことがあった。また、元の文には龍だったとは記されていないので、もしかするとヤマタノオロチのような蛇の化け物だったのかもしれない。しかし後世の戸隠信仰においてはこのとき顕現した存在を「九頭龍」としているので、ここでは勝手に龍にさせていただいた。ちなみに参照したのは『大日本仏教全書　第六〇巻』に載っている『阿娑縛抄《あさばしょう》』という鎌倉時代中期の仏教書である。

さて、立ち現れた恐ろしげな怪物は、九つの頭を脅すように揺らしながら言った。

「法華経を唱えているのは誰だ？　この前ここで読経した者は、私が聴こうとして近づいた途端に死んでしまった。別に殺すつもりもなかったが、私が放つ猛毒の風に息の根を止められて、みんな命を落とすのだ。かつて私は別当として寺を統べていたのだが、法を犯すこと四十回あまり……貪欲に振る舞った挙句、今のような姿に成り果てた」

少しも動じず身の上話を傾聴する学問の態度に感じ入り、怪物は長年の願いを口をした。

「……こんな私だが、最期は法華経の功徳によって菩提を得たいと思っていたのだ」

するとと学問は「鬼者隠形！」と怪物に命じた。

九つ頭の怪物はそれを聞くと、素直に洞窟の奥へ姿を隠した。

尻尾の先まで洞窟の外から見えなくなるのを待ち、学問は洞窟の出入り口を戸で封じて、

「南無常住界会聖観自在尊三所利生大権現聖者」と唱えた。

これが「戸隠寺」の名の由来である。

——ご存じのように戸隠山に現在あるのは寺ではなく、戸隠神社である。

この逸話に登場する怪物は地主神（この土地のヌシ）であるとされて、九頭龍《くずりゅう》大神と名づけられ、今も戸隠神社の九頭龍社に祀られている。

九頭龍社は社殿の奥が「龍窟」と呼ばれる洞穴に通じている。戸隠神社内の他のどの社よりも古くから崇め奉られてきたというので、そこが学問が封印した洞窟だと思われる。

七年後の被災地にて

怪談界隈でもご活躍の丸太《まるた》坊丈蔵《ぼうじょうぞう》さんは、小笠原まさやの名で二十歳になる前から占い師をしてきた。姓名判断と九星《きゅうせい》気学《きがく》が専門だったが、今から二十五年ほど前、三十代半ばの頃に宿曜《すくよう》占星術を学び始めた。

するとほどなく、宿曜占星術のルーツが、遣唐使として中国大陸に渡った真言宗の開祖・弘法大師空海が日本へもたらした経典の一つ「宿曜経」だとわかった。

正しくは「文殊師利《もんじゅしり》菩薩《ぼさつ》及《きゅう》諸仙《しょせん》所説《しょせつ》吉凶《きっきょう》時日《じじつ》善悪《ぜんあく》宿曜経《すくようきょう》」という。天体の動きと曜日を基に日取りや方角の吉凶を読む占いで、平安時代や戦国時代には陰陽道と人気を二分した。

徳川家康が一度は禁止したほど、的中率が高いと言われている。

彼は宿曜経の研究にのめり込み、高野山に現存しているという正確な写本を見てみたいと思うようになった。しかし一般人が気軽に見せてもらえるものではない。悶々としていたときに、たまたま知り合った真言宗寺院の住職に修行を勧められた。「どうせなら高野山でお坊さんになればいいじゃないか」というのである。

そんなことで？　と、お思いになる読者さんもいらっしゃるだろう。

だが彼は、まずはその住職に師事して一年あまり学び、次いで高野山に入山して真言宗の寺に住み込んでさらに厳しい修行を重ね、最終的に四度加行、伝法灌頂《でんぽうかんじょう》を受けて、二〇一七年に高野山真言宗の阿闍梨になった。そのとき「丈蔵」という僧名も授けられた。

——さて、それから一年ほど経った頃になるが、師匠の寺でペット供養の手伝いなどをしていた彼のもとに、東日本大震災被災地の傾聴ボランティアの依頼が来た。

僧としては新米の自分でも役に立てるならありがたいことだ……。これも勉強だと思って引き受けた。

当時の震災被災地では、少しずつ町の復興が進むのと反比例するかのように、被災者の自死が相次いでいた。景観が整っても亡くした肉親は帰ってこない。愛する者を喪《うしな》った瞬間で心が凍りつき、自分だけが取り残されてしまったと感じる、その絶望感の深さたるや。

丈蔵さんは、かつて占い師として培《つちか》った観察眼も駆使して、想像力と修行で学んだ真言密教の教えを総動員して、被災者や犠牲者の遺族の相談を受けた。

「先に逝ってしまった私の子どもは、成仏できないのですか」

「死んだペットの魂は、どこへ行ったのでしょう」

「自殺者は、あの世で救われないというのは本当ですか」

こうした質問に自分なりに答えながら、相談者に寄り添う気持ちで話を伺った。

――彼が参加した傾聴ボランティアによる相談会は、岩手県の大槌町《おおつちちょう》で開催された。

大槌町には「風の電話」という私設電話ボックスがある。三陸海岸を見下ろす丘に設置されており、電話線が繋がっていない黒電話が置かれている。その受話器を手にして涙ながらに亡くした人に話しかける遺族の姿がテレビで放送され、大きな話題になったものだ。

一般に、傾聴ボランティアにも、話をひたすら受け容れることが期待されている。受容と共感を示すことが相談者の心を癒し、気力を取り戻す助けとなるのだ。

災害から七年目の大槌町で被災者の相談を受けたのは、臨床心理士や心理カウンセラーの他、さまざまな宗派の仏教僧侶などだったという。

相談会が終了したときには、宵闇が町を覆っていた。

街灯が道路を照らし、新築の建物には窓の明かりが点いている。そういったところを見ると、町は活気を取り戻しつつあるように感じられた。

だが、その一方で、漆黒に塗りつぶされたような暗い場所もところどころで目についた。

震災は遠い日の出来事ではないということを、彼は肌で感じた。

相談会を主催した人は地元住民で、土地勘のない傾聴ボランティアたちを自ら送迎していた。

丈蔵さんも、とある年輩の僧侶と一緒に送ってもらうことになった。

その人は天台宗の寺で住職をなさっているということで、目上であるだけでなく宗派は違えど格も違うので、彼は恐縮しつつ車の後部座席に並んで座った。

運転席の主催者は慣れたようすでハンドルを取り、走る車の中、初めは穏やかに三人で会話していたが、しばらくして急にスピードが鈍った。

ブレーキを踏んでいるわけではなさそうで、主催者も明らかに戸惑っている。

「どうしました?」と彼が訊ねると、主催者は運転席から振り返り、「すみません。アクセルを踏んでいるのですが、なぜかスピードが出なくて」と困惑を露《あら》わにして答えた。

海に近い平地の一本道で、対向車や後続車は一台も見えず、歩道に人影もないアクセルを踏み込むたびに、エンジンの唸《うな》り声が高くなった。主催者は焦《あせ》って、ヴーン、ヴーンと立て続けに空ぶかししたが、どんどん遅くなるばかり。

亀のように這い進むうちに、コンビニエンスストアの前に差し掛かると、明々と電気を点けた店内から夫婦のように見受けられる一組の男女が出てきた。

後部座席の左寄りに座っている彼の目の前に佇んで、こちらを見ている。

彼は急いで窓を開けて、清涼な夜気を顔に受けながら、

「夜分に申し訳ありません、車の調子が悪くて」

と弁解した。

二人は彼に向かって軽く会釈をして、黙って店に戻っていった。

ガラス張りのコンビニのドアが静かに閉まるのを、彼はぼんやりと眺めた。

と、そのとき、隣に座っている住職が主催者に質問した。

「この辺りに観音さまはいらっしゃるかな？」

急に不思議なことを訊く。彼はそう思ったが、地元に明るい主催者は反射的に「はい」と答えて、「もう少し行くと港を見下ろせる所があって、そこに……」と言った。

すると、最後まで言い終えないうちに、車が前進しはじめた。

やがて三陸の港を見晴らす丘の麓《ふもと》に辿り着くと、待避線の真横に祠が見えてきた。

暗黙の了解で、何も言わずに主催者が待避線に車を停めた。

彼と天台宗の住職も、たった一回、目を見交わしただけで、法具を持って車から降りた。

住職が読経し、彼も鈴を叩きながらマントラに唱和した。

最後に二人で袖の中で印を結び、再び車の後部座席に乗り込んだ。

主催者があらためてエンジンを掛けると、何事もなかったかのように車が動きだした。

「定員オーバーだったのかもしれないね」と住職がつぶやいた。。

「さきほどのコンビニに寄っていただけませんか」と彼は主催者に言った。

読経したせいで喉が渇いていた。飲み物を買うついでに、あらためてあの人たちに謝りたいと思ったのだ。

ところが主催者は思わぬ返事を彼に寄越した。

「コンビニですか。駅前まで戻らなくてはいけませんから、三十分ほど掛かりますよ」

何を言っているのか、と、内心呆れながら、「さっきの道沿いのコンビニですよ」と彼は主催者に応えた。

「…………」

不可解な沈黙の後、主催者は車をUターンさせた。

すぐにコンビニの明かりが見えてくるだろうと思ったが、街灯だけが虚しく点いた道路ぎわに、青いビニールシートで半ば覆われた廃墟があるばかりだった。

津波の痕跡だろう。出入り口の上にある看板にまで泥がこびりついている。

その看板と建物の輪郭に見覚えがあった。

ガラスが失われた扉にベニヤ板が打ちつけられ、板の隙間から暗闇が顔を覗かせていた。今は潮騒《しおさい》すら、ここまでは届かない。静かな夜に打ちのめされて、誰もが無言だった。すべてを悟り、彼は強く強く合掌した。

丈蔵さんは以前出演された配信番組でこの出来事の一部を話されたことがあるそうだ。この度は、震災でお亡くなりになった方々に謹んで哀悼の意を表しつつ、私があらためて筆を執らせていただいた。

猫供養

これは丈蔵さんが高野山で研修を受けた際に、同期のMさんから聞いた話。

Mさんは高野山で四度加行を終えた後、とある真言宗の寺に住み込んで修行を続けた。

その寺は一風変わっていて、葬儀と同じぐらい祓《はら》いを多く扱っていた。

祓いというのは真言宗での呼び方だ。いわゆる事故物件や因縁のある物や人を祓って冥《みょう》加金《がきん》を頂戴するのである。

Mさんは、祓いの代価は安心料にすぎないと軽く考えていた。

得度から三、四年も経つと、彼は祓いを一人で任されるようになった。

祓いの依頼は電話番をしている寺の住職の妻が受けていたので、一人で行くときは、彼女から直接指示されて現場へ向かう。その頃には、よく祓いを頼んでくる不動産会社の担当者や、仲介に立つ人とも顔見知りになっていた。

住職や兄弟子の助けを借りなくても、毎回、何事もなく仕事が済んだ。

すっかり慣れたある日のこと、また住職の妻から言われて、いつもの不動産会社の担当者と待ち合わせた。

指示された場所に行くと、担当者がいつになく神妙な顔をして待っていた。

「実は、事前にお伝えしていなかったことがありまして」と言う。

「どうされました？」

「今回の物件は少し変わっておりまして、仏さんが人じゃないのですよ」

とりあえずお連れします、と、担当者は車にMさんを乗せた。

五分も走らずに、古そうな二階建てアパートの前に到着した。

「百聞は一見に如《し》かずと申します。まずは、ご覧になっていただきましょう」

そう言って担当者は彼をアパートの一室の前に連れてきて、その部屋のドアを開けた。

途端に、異臭が鼻を突いた。

「この部屋の借り主は猫を十数匹も飼っていたんですが、コロナ禍が始まると、猫を全部置き去りにして田舎に帰ってしまったんですよ。それで……もうお察しだと思いますが、隣近所から異臭がすると苦情が寄せられまして……。部屋を開けたときには、猫たちは水を求めて風呂場で折り重なるようになって死んでいました。かわいそうに」

――ちゃんと掃除してから呼んでほしかった！

吐き気を催しそうな臭いに閉口して内心で文句を垂れながら、Mさんはキャリーケースから持ち運び用の祭壇や仏具を出して祓いの準備をした。

「済みませんねぇ」と担当者は申し訳なさそうにして、「でも不思議なんです」と続けた。

「特殊清掃を入れたんですよ？　それなのに臭いが全然取れなかったので、お祓いをお願いした次第です」

Mさんは少し驚いた。言われてみれば、室内は綺麗に清掃されていた。

しかし、猛烈に臭い。

猫の糞便に特有な強烈なアンモニア臭と、腐肉の臭いが混ざった物凄い悪臭で、目がチカチカするほどだった。

担当者は薄情にも、「では私はこれで」と言って部屋から逃げ出した。取り残されたMさんは、急いで祓いを始めた。……それにしても、どうにも耐え難い臭いだ。

人目がないのをいいことに、彼は儀式を端折《はしょ》ることにした。うんと省略して、最後のマントラを吐き捨てるように唱えると、バタバタと帰り支度をして部屋の外に飛び出した。

新鮮な空気を吸って生き返ったような心地がした。だが、まだ臭いが体にまとわりついているような気がした。早く帰ってシャワーを浴びたいと思いながら、祓いが済んだときのきまりで、寺に電話を掛けた。

「はい。○○寺です」と、住職の妻が電話に出た。

「お疲れさまです。Mです。□□不動産さまの祓い、つつがなく勤修《ごんじゅ》いたしました」

「……ちょっと、Mさん？」

彼はドキッとした。

「はい。何でしょう?」

「Mさん、あなたは祓いをきちんと勤めませんでしたね。相手が獣だとて感心しません。すぐに寺に戻ってきなさい」

最後はブツッと電話が切られた。相当お怒りのようすだ。

Mさんは唖然とした。なぜ、獣の祓いだとわかったのだろう?

不思議だったので、寺に帰ると真っ先にそのことを訊ねた。

すると彼女は、「電話を掛けてきたとき、あなたの後ろでずっと猫か何かが鳴いていたんですよ。和尚に正直に話して、もう一度、相手に向き合いなさい」と彼を諭した。

さらにMさんは心を入れ替えて住職の指導を仰ぎ、件のアパートに日参して祓いを繰り返した。本堂でも護摩を焚いて、猫たちの供養に努めた。

「そんなことを十日ほど続けたら、あるとき突然、アパートから臭いが消えた。あれが祓いが成された瞬間だと思う」と、Mさんは語っていたという。

猫と僧侶

◇法蔵寺の三毛猫檀家

全国に類型がある民話は珍しくない。「猫檀家」もその一つ。

だが、長野県の小川村に伝わるものは話中に登場する寺院が現存する点や、事件が起きた年代と季節、および関係者の氏名が記録されている点が実話怪談的で興味深い。

それはこのような話である。

——遙かな昔、遠く京の都から小川真人《おがわまひと》と名乗る者が信濃国《しなののくに》へ来て村を拓いた。

法蔵寺《ほうぞうじ》は小川一族が城を建てて権勢を振るっていた頃に創建された寺院で、たいへん長く近隣住民の信仰を集めていた。

寺の建立から三百年あまりが過ぎた江戸時代の正保《しょうほう》の初めのことだ。

小川一族はとうに滅び、信濃にも太平の世が訪れていた。戦国時代のような血なまぐさい争い事は村ではとんと起きていない。最近の怪しいことといえば、法蔵寺の先々代住職が飼いはじめた三毛猫が、なぜか未だに生き永らえているぐらいのものだった。

しかし当時の住職・第十一代格州《こうしゅう》良逸《りょうえつ》和尚は霊験あらたかな名僧として誉れが高く、人間の出来たお人だったから、飼い猫が異常に長生きしたぐらいでは動じなかった。深夜、三毛が自分の法衣を着て、寺の鎮守堂で猫や鹿、兎といった獣たちに説法を聴かせていると知ったときも、まずは朝を待ち、落ち着き払って猫にこう話しかけたものだ。

「昨夜の説教は良い出来栄えだった」

化け猫というものは正体を見られると行方をくらましてしまうことが多いそうで、法善寺の三毛も例外ではなく、こう言い置いて走り去った。

「長年このお寺でお世話になったご恩を、いつの日にか報います」

それから二、三年の月日が流れた正保四年、つまり一六四七年の秋に、小川村から近い、安曇郡《あずみぐん》千見村《せんみむら》の下條七兵衛《しもじょうしちべい》信春《のぶはる》という郷士《ごうし》が亡くなった。

下條家は、日頃は畑仕事もしているが先祖代々の士分は武家で、千見村の御番所守護《ごばんじょしゅご》職《しょく》に任ぜられていた。名家の当主を弔うわけで、格調高い葬儀になるはずだったのだが。

千見村の寺の住職がいよいよ故人に引導を渡す段になったところ、にわかに天が掻き曇り、急な雷雨に見舞われた。と、そのとき雲間から鬼が降りてきて、棺を亡骸ごと引っさらっていったかと思うと、再び地面に下ろすといった奇怪な行動を取ってみせたのである。

参列者は散り散りに逃げ、その後、何日も嵐が静まらなかった。

下條家では埋葬すら出来ずに途方に暮れた。

するとそこへ旅の僧侶が屋敷に現れて、下條家の家人たちに向かって曰く――。

「小川村の法蔵寺の格州良逸和尚を導師としてお招きなさい。良逸和尚ほど優れた僧はおりません。必ずや亡きご当主に引導を渡し、ご供養していただけることでしょう」

下條家の人々は藁にもすがる思いで、法蔵寺の門を叩いた。

話を聞いた良逸和尚が千見村の屋敷に駆けつけると、途端に嵐が去った。

青く澄んだ秋晴れの空の下、当主の葬式が見事に執り行われると、下條家一門では法蔵寺に帰依《きえ》する気運が高まった。

そこで、後日、下條家の者たちが法蔵寺に檀徒の申し入れをしに来ると、屋敷のある千見村の方角から空を何かがビューンと飛んできて、本堂の床に落ちた。

見れば、一匹の三毛猫の屍骸であった。

良逸和尚は、恩返しとはこのことであったかと得心した。

どこからが三毛が起こした怪異だったか定かではないが、下條家を訪れた謎の旅僧の正体がこれだったのは間違いない。

つまり猫が檀家を連れてきたという次第で、この噂が評判を呼び、千見村一帯に住民が法蔵寺の檀徒になった。

——現在の長野県上水内郡小川村の法蔵寺は「猫寺」の通称で有名だ。件の三毛を葬った跡には五輪塔が建てられて「猫塚」として今も大切にされているばかりでなく、『小川村誌』によれば猫が説法したときにまとっていた法衣も保管しているとか。ペットの猫の供養も行っており、愛猫家が全国から集まるというから、三毛の報恩《ほうおん》は檀家を捕ってきただけに留まらなかったと見える。

◇正法寺の大鼠退治

南北朝時代の禅僧・無底良韶《むていりょうしょう》が開基した仙台藩の江刺《えさし》にある正法寺《しょうぼうじ》では、四代目から始まり六代目までの住職が次々に行方知れずになるという珍事が起きた。

七代目の住職は愛猫家であった。猫の方でも住職のそばを片時も離れなかった……が、実は寺に棲みついている大鼠から住職を守ろうとしていたのである。

住職の方では何も知らない。猫はこのままではいずれ大事な住職が大鼠に喰われてしまうに違いないと思い、ある日、住職に「猫の絵を描いて壁に貼りなさい」と言って出掛けると、仲間の猫を連れてきて、二匹で共に大鼠に立ち向かった。

彼らは見事に大鼠を退治したが、残念なことに相討ちとなり、二匹とも死んでしまった。

この話には異説もあって、そちらでは、七代目住職が描いた猫の絵が天井を見上げるので、何かと思えば、天井裏に大鼠が棲みついていて、これを住職と村人たちが総がかりで退治したという話になっている。

——どちらかと言えば住職の愛猫が活躍する前者の方が私好みだが、絵の猫が大鼠をやっつける後者のパターンの方が民話としてはポピュラーで、東北から中国・四国地方に渡る広い地域で言い伝えられているとのこと。

岩手県奥州《おうしゅう》市水沢黒石町《みずさわくろいしちょう》の正法寺は、東北地方最初の曹洞宗寺院で国指定重要文化財に指定された表門や日本最大級の茅葺《かやぶ》き屋根を葺いた法堂を誇る、堂々たる古刹である。

昔は大鼠の肢《あし》を用いて作った経机《きょうづくえ》があったようだが、ずいぶん前に火事で焼けてしまって、今では忠義な猫の話よりも、文福茶釜《ぶんぶくちゃがま》の伝説の方がよく知られている。

文福茶釜といえば群馬県の茂林寺《もりんじ》の伝承が有名だが、こちらにも動く茶釜の言い伝えがあるのだ。正法寺はその他に六つの伝説を持っており、合わせて〝七不思議〟としてホームページにも載せているけれど、なぜか猫が大鼠を退治した話は含まれていない。経机という物的証拠を失ってしまったからだろうか。猫好きとしては少し寂しい。

梵妻語り

夫の来迎《らいごう》

――妻だけを臨終に立ち会わせたいというのは、夫の最期の願いだった。

八年あまり前のその日、Kさんは通い慣れたホスピスの白い廊下を急ぎ足で夫の病室に向かった。廊下の窓から爽やかに晴れた空が見えていた。明るい朝だ。

小さな個室にも、柔らかな光が満ちていた。

ベッドの脇に置いたスツールに腰かけて夫の手を軽く握ったが反応は無かった。昨夜モルヒネを限界まで増量してもらった。それまでも朦朧《もうろう》としていたが、痛みから完全に解放されたのと引き換えに深い眠りの底に堕《お》ちた。

危篤を告げる電話を受けたのは、ついさっきのことだ。

夫の寝顔は病みやつれていた。二年間の闘病生活が彼から奪ったものの大きさを考えずにはいられなかった。今、長男は八歳。次男は五歳。息子たち二人の未来を見届けることも叶わない。あれほど誇りを持って取り組んでいた住職の仕事も……。

咲き誇る花々で埋もれた境内を夫とそぞろ歩いた景色が、不意打ちのように脳裏に蘇り、彼女は思わず涙ぐみそうになった。もう一生分、泣き尽くしたはずなのに。

私たちのお寺、私たちの家だった。でも、もうすぐ引っ越さなければならない。

彼は天正元年に創建された寺の住職だった。

代々長男が京都の総本山で教師を務めてきた家の次男坊。兄が総本山へ行き、父が働き盛りのうちに脳梗塞で倒れてしまったので、彼は若くして寺を継いだ。

お見合いの席で引き合わされたときから「今どき珍しいほど純真な心のままご住職になった人」というのが第一印象で、それは今でも変わっていない。

元気な頃の半分に縮んでしまった夫を眺めながら、折節《おりふし》の彼の顔が次々と胸に去来《きょらい》した。

最後に頭に浮かんだのは、照れくさそうに目もとの涙を拭って苦笑いした彼だった。

そのとき彼は本を読んでいた。法話のネタを探しているのだろう。そう思ったが、ふと見ると静かに泣いている。どうしたのか訊いてみたら、「法然上人《ほうねんしょうにん》が」と彼女に応えて、言葉を詰まらせた。今さら何を言っているのかと少し呆れながら、そんな夫に愛しさが増した。

法然上人は、たった九歳で父を殺された。刀傷を負った父が死に際に「人を恨むな。出家して私の菩提を弔え」と言い遺したため出家して、荒廃した戦乱の世で疲弊した人々を救う道を模索する。学も金も持たない者をも浄土へ導くには、どうしたらよいか、と。

——本当に優しい人だった。法然上人も。この人も。

そのとき急に夫の瞼《まぶた》が震えはじめた。いよいよ来たか。気持ちを強く持とうと努めながら見守っていると、その両目がカッと開いた。息を呑むほど澄んだ瞳が現れた。

一心に天井を見つめているので、釣られて彼女も上を向いた。

ただの白い天井だった——彼女にとっては。

夫の顔に次第に喜色が満ちてきた。明らかに微笑んでいる。晴れがましい表情だ。

「お迎え来た？　よかったねぇ」

返事はなかったが、夫が見ているものが胸におのずと描かれた。

五色《ごしき》の雲が、金色に輝く阿弥陀如来と観音菩薩、勢至《せいし》菩薩たちを乗せて、今しも天から舞い降りてきた。阿弥陀二十五菩薩来迎図《らいごうず》さながら、西方浄土から迎えに来たのだ。

十念が、かつての張りと艶《つや》を取り戻した夫の声で頭の中に流れた。

「南無阿弥陀仏南無阿弥陀仏南無阿弥陀仏南無阿弥陀仏南無阿弥陀仏南無阿弥陀仏……」

今まさに阿弥陀さまが枕頭《ちんとう》に立って彼の手を優しくお取りになった。そう確信した直後に彼女はナースコールのボタンを押した。

その後、彼女は母や義母たちと入れ違いに帰宅して、総本山に連絡を入れた。間もなく彼の同期や先輩、後輩、師僧がやってきて、彼の亡骸を迎え入れる支度を手伝ってくれた。

臨終から三時間後、寺に運び込まれた遺体に付き添って山門から歩き、やがて本堂に到着したとき、夫の右手がストレッチャーの端からぽろりと落ちた。

咄嗟《とっさ》にその手を握ったところ、驚いたことに、力強く握り返してきた。

すでに清拭《せいしき》を済ませて、耳や鼻に綿を詰めた状態だ。その手も冷たく、血が通っていないことがわかる。しかし……。

「最期にお迎えきはったと思う」と彼女は周りに聞こえるようにはっきりと言った。

あの晴れやかな微笑みをみんなに見せてあげたいと思った。

——ご来迎は嘘いつわりなく、真実、夫の枕もとに訪れたのだと、彼女はその後も機会あるごとに家族に語ってきたという。

本堂の餓鬼と山門から呼ぶ女

Kさんは私よりちょうど十歳年下の女性で、約八年前、住職だった夫を亡くすまで、関西地方のとある寺院に住んでいた。

実は、Kさんをインタビューした後、私もその寺を観光客として訪れたことがあったことを思い出した。観光地としても人気が高い寺院なのだ。庭の景観が美しく、歴史的な価値を持つ仏像などの文化財もいくつか所有して随時公開している。

「お寺にご迷惑が掛かるといけないので名前を伏せてください」と彼女に頼まれたので、これ以上詳しいことは書けないのだが、元禄時代《げんろくじだい》に再建されたときのままの姿を保っている本堂と、よく手入れされた花木が多い境内を思い浮かべてほしい。

重厚な瓦屋根に白漆喰《しっくい》の壁が映える本堂、春秋に咲き香る花の庭、といったところだ。

ほとんどの仏教寺院には、住職が離職すると同時に、たとえ何十年そこで暮らしていようが住職の家族も出ていかなければならないという冷徹なきまりがある。

だから彼女も、夫を見送った涙が乾きもしないうちに、まだ小学生だった二人の子どもを連れて寺を去った次第である。

このたびSNSで私が僧侶の怪異体験談を募ったところ、彼女から「亡くなった夫や、家族で住んでいたお寺の話でもいいでしょうか」という問い合わせを頂戴した。

とりあえずインタビューさせていただいたのだが、いずれの話も実話であり、本書のコンセプトに適っていると思った。

一話目はご来迎の話だった（死後三時間経過した遺体が動いたケースでもあるが）。

二話目は、以下のとおりである。

Kさんは寺とは直接縁がない家に生まれ育った。そのため寺の家内を回す知識が乏しく、新婚早々、総本山が主催する住職の妻向けの講座に通うことを義母から勧められた。

そこでは実務だけではなく、宗派の関係者なら常識として最低限知っておかなければならない宗教的な知識も教えていた。

学んでいて面白かったのは法話の類。講談に立つ先生は話し上手な僧侶ばかりだから、軽妙なたとえ話や感動的な実際のエピソードなどを交えて講義が進んだ。

しかし、ある先生が「餓鬼は実際にいるようでして」と話しはじめたときはドキッとした。

「安土桃山時代に建った某お寺さんでは、昔から本堂に餓鬼が棲みついているとお身内だけで伝承されてきたそうです。檀家さんにも内緒にしているということなのですが」

うちのことだ！

動揺を押し隠しながら尚も聴いていると、先生は続けてこう説明した。

「幽霊が出るなどと間違った噂を立てられては困るから秘密にしてきたようなのですね。そのお寺で暮らす人々は幽霊ではなく餓鬼がいると昔から信じて、今日まで毎日供養しているそうです。皆さんもお施餓鬼はご存じでしょう。亡くなったご先祖さまやご家族をご供養する行事です。しかし元々は違う意味を持っていました」

施餓鬼会を行うか否かは宗派による。Ｋさんの寺では五月から八月のお盆の頃に檀家さんたちを集めて施餓鬼会法要を開き、望む檀家の家を巡って法要を執り行ってきた。

だが本来の施餓鬼は、字義のとおりで、飢えに苦しむ餓鬼に施しをすることだった。

――阿難《あなん》という釈迦《しゃか》の弟子が修行しているところへ餓鬼が現れて、こう告げた。

「お前は三日後に死に、死後は餓鬼に生まれ変わる。そうなりたくなければ餓鬼と修行者に飲食を施して、仏を信ずるすべての者を供養しろ」

阿難は釈迦に指南を仰いだ。すると釈迦は、施餓鬼の方法を阿難に教えた。

このときの釈迦の教えを忠実に守ったところ、阿難は無事に生き延びて、餓鬼道に堕ちることもなかった。餓鬼を救った功徳《くどく》により助かったのである。

「だから施餓鬼会では食べ物をお供えするのです。ご先祖さまにご飯を召し上がっていただくのではなく、本当は餓鬼を供養した功徳をご先祖さまたちに捧げているんですよ。あなた方は、お盆だけじゃなくて、ちゃんと毎日ご供養してくださいね」

お終いに先生はKさんの方へ一瞬、視線を投げた。

Kさんの夫は、よく知られた寺の住職で夫の兄は総本山で教師をしている。たぶん、この先生は最初から全部わかっていて、こういう話をしてくれたのだ。

彼女は帰宅すると、真っ直ぐに本堂のそばに佇む地蔵のところへ行って、手を合わせた。お仏飯《ぶっぱん》と水が捧げられていた。今は義母が朝の日課としてこの地蔵の前で施餓鬼供養をしている。義母は宗派の助教資格を持っており、正しく供養を行えるのだ。

結婚したときから、彼女も義母のようになることを期待されていた。

ここで施餓鬼供養をするのは、昔は夫の祖父の日課だったという。その前は曾祖父がやっており、その前は……という具合に、秘密の習わしが世襲されてきたと聞いていた。

夫も餓鬼の存在を信じている。

「何か突発的なことが起きて施餓鬼が出来なかったときには、必ず床下で餓鬼が走りまわって、本堂の床がガタガタ鳴るほど騒ぐんだ。でも施餓鬼するとピタリと鎮まる」

だから本当に餓鬼はいる。それも、大切なご本尊の阿弥陀三尊像を安置した本堂の床下に、何百年も前から棲んでいるというのである。

総本山の先生がたとえ話の種にするほどだから、門外不出の秘密とはいえ、この地方の宗派の僧侶には知っている者がそれなりにいると思われた。

「本当に床下にいるんでしょうか」と、その後、Kさんは施餓鬼の支度を手伝いながら義母に訊ねてみた。

「いますよ。……何度か騒がしくされたことがあるから」

「餓鬼なんですよね」

「そうですよ。だからうちでは雨や雪が降っても、ここにお供え物をしてご供養しなければなりません。さもないと……まあ、そのうちわかりますよ」

義母の言うとおりだった。月日が経つうちにKさん自身も本堂で床下から物音がするのを何度か聞くはめになった。だから餓鬼は本当にいるのだと信じることにしたのだという。

「そんなお寺に生まれたのに、夫はとても怖がりでした」とKさんは言って、短いエピソードを付け足してくれた。

「あのお寺は、山門から庫裡の二階にある私たちの寝室まで何も遮蔽物《しゃへいぶつ》がなくて、そこに自動車が停まればもちろんのこと、山門の辺りで誰かが呼ばわる声ですら、糸電話で繋がれたみたいに、よく聞こえました。……あれは確かお盆の迎え日のことでした。そのときはもう深夜で、夫は疲れ果てて眠っておりました。私もベッドの中で、明日に障るからそろそろ眠らなくてはいけないと思っていたのですが……」

山門の方から「開けて」と、か細い女の声が聞こえてきたので、すっかり目が覚めてしまったのだという。

空耳かと一瞬思ったが、山門のところにいる女は再び「開けてー」と言った。

Kさんは夫を揺り起こした。女は「開けて」と繰り返している。

「檀家さんかもしれない」と夫は言って、山門の方へ駆けていった。

当然、夜間は山門を閉ざしている。Kさんは二階の窓から夫を見守った。

彼が門を開けると……。

「外には誰もいませんでした」と、Kさんは苦笑まじりに私に話した。

「夫は慌てて戻ってきて、気のせいだったんだと私に言いました。気のせいなんかじゃないことは、あの人もわかっていたはずです。よっぽど怖かったんでしょうね。誰しも皆往生すると教える宗派だったのは、彼にとっては都合が好かったのかも。自分のお寺のお墓や位牌堂は怖がっていませんでしたよ。良い仕事をしている自信があったのでしょう」

観音堂の仏像

Kさんの実家が檀家になっている寺と、彼女の夫の寺とは宗派が異なる。

彼女の両親は臨済宗の信者で、滋賀県彦根《ひこね》市の龍潭寺《りゅうたんじ》に代々の墓がある。

二十年あまり前、父母が夫婦水入らずで龍潭寺へ出向いた。目的は高名な阿闍梨の講演会だった。講演の後、思いのほか贅沢なお弁当と清酒が参加者に供された。

お腹がくちくなり、帰途に就く前に酔いを冷ましたかったので、二人はついでに墓参りをすることにした。

阿闍梨の講演に足を運ぶほどだから読者さんはお察しだと思うが、二人とも信心深い方だった。墓参も欠かさず、少なくとも月に一度は通っていた。

それなのに、どうしたことか、墓苑で道に迷った。

どうしても辿りつけない。本堂の近くまで戻ってやり直しても迷子になった。いろいろ試してみるうちに、ほろ酔い気分など吹き飛んでしまい、次第に背筋が寒くなるような気がしてきて、墓参りをあきらめた。

不思議なことだから、夫婦で「きっと〝ついで参り〟は禁物なのだろう」と話し合った。

その後しばらくして、両親とKさんと弟、つまり家族全員で龍潭寺を訪ねた。

龍潭寺では毎年十月十八日に本尊の観音像を開帳し、観音祭を行う。

この観音像は平安時代の作で、琵琶湖から出現したという伝説がある秘仏であり、年に一度のこの日を除き一般公開されていない。基本的に写真撮影も不許可であり、インターネットが普及した今でこそデバイスからご尊顔を拝むことも可能だが、当時はその姿を知るのは当山で働く人々以外は開帳した折に参拝した者に限られていた。

昔からの檀家だった父もなぜか今まで拝観しておらず、家族全員で十月十八日に都合がつけられるときをずっと待っていた次第だ。

ようやく四人で訪れることが出来たこの日は、秋晴れの土曜日だった。

境内はいつになく参拝客でにぎわっていた。見事な枯山水の庭園を愉しみながら、Kさんたちはそぞろ歩いた。やがて七福神像が並ぶ小径《こみち》と突き当たりの観音堂が見えてきた。

ふと気づくと四人の周囲から他の人々が消えていて、年老いた堂守《どうもり》に出迎えられ、待つことなく中へ通された。

そこにあったのは円空仏よりもさらに稚拙な木像で、Kさんの第一印象は「素朴」のひと言に尽きた。聞かされていなければ観音さまだとは思わなかったかもしれない。

それほど粗末なものだった。四人は顔を見合わせた。あからさまに期待外れだったと言う者はいなかったが、「意外だったね」「そうだね」という会話を交わした。

四人とも秘仏というから立派なものだろうと思い込んでいたせいで、はっきり申せば拍子抜けしてしまったわけだが、不敬なので誰も口には出さなかっただけである。

その後、そそくさと墓参りをして家に帰った。

さて、あれから二十年の月日が流れた。

一年ほど前の秋、Kさんは父から奇妙な報告を受けた。

父の夢枕に観音さまが降臨したのが、ことの起こりだったという。

金色に輝く美麗な観音さまで、左手に蓮の蕾《つぼみ》がついた枝を持っている。

「全然違うから」と、観音さまは思いがけずざっくばらんな口調で父に話しかけた。

何が違うのだろうと思ったら、心をお読みになったかのようで、「来ればわかる」と言う。

目が覚めると、父はすぐにカレンダーを確かめた。

あと数日で十月十八日。龍潭寺の観音堂が開帳される日だ。

呼ばれたような気がして、その日、一人で訪ねてみると、以前家族で来たときと同じ堂守がすっかり年老いていて、「私がご開帳に立ち会うのは今日かぎりです」と言いながら、お堂の中へ父を招じ入れた。

すると、そこにあったのは、確かに前に見たのとは似ても似つかない立派な観音像であったとのこと。

以前、家族で来たときは、ついでに墓参りをしようという肚《はら》があった。講演会のついで参りのときに墓苑で迷子になったのと同じように、ご開帳の日は観音さまを拝むだけにして、他のことをしようとしてはいけなかったのかもしれない——と、親子で話し合ったということだ。

彦根市の龍潭寺は広大な敷地を誇り、名刹ならぬ「巨刹《きょさつ》」の異名で呼ばれることがあるほどだ。庭園の見事さ、見どころの豊富さで、地域随一の観光名所ともなっている。

また禅宗開祖・達磨大師《だるまだいし》の縁起にあやかって、心願成就を祈るだるま祭を四月初旬に行うことから「だるま寺」としても知られているとのこと。

本尊の観音像は楊柳《ようりゅう》観音像だというが、柳の枝を持つのが通常の楊柳観音の形なのに対して、こちらの像は蕾を付けた一輪の蓮を持っているのが特徴だろうか。今では光背《こうはい》と首飾りなどに金彩を残すばかりで、全体に黒ずんでいる。しかし華麗で繊細な荘厳具《しょうごんぐ》や端正な顔立ちが素晴らしい。

昨今は十八日にこだわらず、十月中旬の週末にご開帳するようだ。

怪異と施餓鬼

施餓鬼と聞けば盂蘭盆会《うらぼんえ》、つまり夏のお盆を連想する読者さんも多いと思う。仏教的に正しい解釈は措いておくとして、一般に、施餓鬼とは、お盆の追善供養の一環として精霊棚《しょうりょうだな》に食べ物を供えることだと理解されている。さらに、そこで供養されるのは先祖の霊だけではなく無縁仏や精霊なども含まれる。

日本における施餓鬼の習慣は中世の暗黒面が生んだと言われている。繰り返される戦乱とさまざまな天災による直接的な死。そして、それらに起因する飢饉による夥《おびただ》しい犠牲者。避けがたい理不尽な最期に向き合うために宗教が求められ、また、追善供養が餓鬼道に堕ちた亡者を救うと広く信じられたのだという。

◇指切り病

備後国《びんごのくに》の三次《みよし》藩から二里ほど広島藩の方へ行った山間の村に大蛇が出没して、米蔵《こめぐら》の米を十石も喰ってしまった。

大事な米を喰われて村人たちは怒り狂い、寄ってたかって大蛇を殺した。

すると、自分の手の指を一本ずつ切り落とす村人が現れはじめた。

どの人も、何かに憑かれたように自ら指を落として、十指を失うと死んでしまった。

年寄り、子ども、男、女の別なく、次から次へと同様の奇行に走って亡くなる。

この怪しい流行り病は、寺で施餓鬼と大般若経《だいはんにゃきょう》転読会《てんどくえ》を執り行うまで続いた。


大般若経転読は奈良時代から始まったとされ、大般若経六百巻を転読することで、厄祓い、怨敵《おんてき》退散、開運招福などを成し遂げると信じられてきた。

原典『笈埃《きゅうあい》随筆』には背景となる時代が記されていないが、「備後国三好から二里山奥の広島領（原文ママ）」とあるので、これは三次藩が広島藩の支藩として成立した寛永《かんえい》九年以降の江戸時代の出来事の可能性がある。だとすれば年貢米の制度が確立していたため、村の蔵に集めた米を失った人々の怒りと絶望、そして飢餓については想像がつく。

本当は、ひもじさのあまり、指を食べる者が続出したのではないだろうか。

地獄絵図さながらの惨状があったからこその施餓鬼だったのでは……と、私は思ったのだが、どうだろう。

信濃の古刹

火を呼ぶ邪鬼

出家した戦国武将といえば私が真っ先に思い浮かべたのは平清盛だったが、実は中世の侍の多くがさまざまな理由で出家しているという。そう聞いて、たちどころに上杉謙信や武田信玄、足利尊氏を連想した方もいらっしゃるはずだ。助命嘆願や敗北の結果として、あるいは高齢を理由に、俗世に身を浸《ひた》したまま僧の身分を得る武将は数多く存在した。

鎌倉時代に信濃国《しなののくに》で逝去したとある武将も出家して、晩年は親鸞聖人に師事したというが、彼が開山した寺をその子孫が八百年以上も守りつづけているのは驚くべきことだ。

今回、当山の先代住職の甥にあたる現在五十一歳の僧侶からお話を伺ったが、一応、裏取り調査は必要だと考え、インタビューとは別に資料も当たった。

以前アポなしで本堂に押し掛けた不届者がいたそうなので、固有名詞を伏せて書くことにするが、以下、すべて実話である。

——その仏像らしき物が寺に持ち込まれたのは、一九七七年のことだった。

仏教的な意味がありそうな代物ではあるし、件の出家した武将が存命な頃の作である可能性が高かった。結果として武将の子孫にあたる住職が寺で預かることになった次第だ。

その像については、一九九三年に公的に作成された文化財調査報告書に記載されている。

それによれば、八〇年代半ばから九〇年代初めにかけて、問題の中学校の周辺一帯を発掘調査した時点では、すでにこの像は先述した寺が保管していたとのこと。

そこで、あらためて調査員が検分して、次のような報告を寄せていた。

《木像の邪鬼一点で、高さ約二十五センチ、幅・厚さ約三十センチで上下に平坦な面を持っている。四天王の足もとに見られるようなものであるが、土中に長い間埋もれていたものとは思えないほど腐食もなく、表面に光沢がある》

一年や二年ならともかく数百年も、じかに土の中に埋まっていた木像が、朽ち果てるどころかツヤツヤしているというのだから面妖きわまりない。

私に話してくださった方がこの像を見たのは高校生の頃だという。

彼は伯父さんのお気に入りで、当時はたびたび遊びに行っていた。

ある日いつものように母屋を訪ねると、彼を出迎えた伯母さんが「鬼の像のことは知ってる?」と彼に訊ねた。

——この質問は少し唐突に感じられる。だが、彼の年齢から逆算すると、ちょうど発掘調査が行われている最中だったはず。

だから、あるいは例の木像について調査員から何らかのコンタクトがあり、伯母さんにとってはホットなトピックだったのかもしれない。

もしくは伯母さんは、彼が親から寺が所蔵する像について何か聞いているのではないかと思っていたとも考えられる。

彼は何も知らなかった。

「鬼の像って?」と伯母さんに訊き返した。

「仏間にあるんだけど……伯父ちゃんが詳しいことを知ってるから聞いてみな」

好奇心をそそられた彼は、さっそく伯父さんをつかまえて、仏間で像を見せてもらった。

日頃は床の間に飾ってあるようだったが、装飾品にしては不完全な形をしている。

上下が平らに断ち切られていて、上にあった何かと台座の部分が欠けているのだ。

「これは、うちの先祖が住んでいた土地から出てきたものだ」と伯父さんは彼に説明した。

「鎌倉時代の?」

「そうそう。その屋敷跡から出土した。上に中学校が建っていたわけだが、今から十二年ぐらい前に火事で校舎が焼けてしまった。その後、学校の焼け跡で遺跡の発掘調査が行われたところ、これが土の中から掘り出された」

「先祖の物だから、この家に返されたんだね」

「いいや。そうじゃない。初めは発掘調査団が別の場所に保管しようとしたんだ。ところが、そこから小火《ぼや》が出た。火元が無いのに。しかも一度ではなく何度も……。それで結局うちで預かることになった。ここに来てからは何も起きていないよ」

木像が火を招いたのだ。そうとしか受け取れない不思議な話を、彼の伯父さんはこんなふうに締め括ったそうだ。

「この像は仏像の足もとに踏みつけられていた邪鬼だろう。上に乗っていた仏像が失われて暴れだしたんだろうな」

木像が出土するきっかけとなった中学校の火事というのは、校舎四棟が全焼する大火災で一九七七年二月当時は大きく報道された。

つまり、彼の伯父さんこと寺の住職が記憶していた時期とぴったり合っている。その頃すでに住職になっていたと推測されるので、当時のことを鮮明に憶えていたのだろう。

元々この中学校は敷地に遺跡が眠っていることで知られていた。六〇年代に屋外プール建設しようとしたところ遺跡が発見されたのが始まりだ。

校舎が焼失したのを機会と捉えて、新たに発掘調査を進めたのだろう。そこから出たのが、この邪鬼というわけだ。

火事を惹き起こす邪鬼。仏像の邪鬼は、もっぱら仏教の守護神である四天王（持国天《じこくてん》・増長天《ぞうちょうてん》・広目天《こうもくてん》・多聞天《たもんてん》）にグイグイ踏んづけられた姿で表現されている。

ただし多聞天だけは毘沙門天《びしゃもんてん》の別名で独立して一体だけで表されることがあり、その際にもよく邪鬼を踏んでいる。

例の邪鬼は、もしかすると毘沙門天に押さえつけられていたのか……。

毘沙門天は戦国武将の好みに適う。上杉謙信などは毘沙門天信仰が過ぎるあまりに自分を毘沙門天と呼べと無茶を言ったという逸話があるほどだ。

それとも残り三体の邪鬼や四天王像が地中に眠っている可能性もあるのだろうか。

訪ねてきた檀家さん

信濃の古刹に暮らす住職夫婦から、彼らの甥っ子が聞いた話。

――ここは昔々、親鸞聖人を宿坊にお泊めするまでは真言宗の寺だったという浄土真宗の寺院で、この地でかれこれ八百年あまりも続いているけれど、現代においては長野県の郊外の町に根付いた檀家寺という立ち位置。日頃は静かなものである。

二十数年前、連絡手段を主に電話と郵便に頼っていたその当時、住職はまださほど年寄りでもないのに、夜は八時すぎに蒲団《ふとん》に入る習慣だった。

坊守こと彼の妻も、特に用事がなければ、だいたい同時に寝てしまう。

周辺は住宅街だが墓地を含めた境内に守られているので、室内は日中でもひっそりとしている。その日は秋の彼岸会と報恩講に挟まれた時分で、日課のお勤めと片づけなどを終えると特にやることもなかった。もうすぐ午後八時、そろそろ寝ようとしていたところへ、玄関の方から大きな声で呼ばわる者があった。

「住職ぅ～、住職ぅ～」

「○○さんだわ」と妻が言い、住職は「そうだな」と相槌を打った。

間違えようがなかったのだ。○○さんはよく寺を訪ねてくる檀家の筆頭で、散歩のついでにお茶と茶菓子を愉しむために立ち寄っている節があった。

それがまた、元気な老人で、しょちゅう散歩するというわけだった。

「でも、いつも明るいうちに来る人なのに。厭ですよ。こんな遅くにお相手をするのは」

そうは言っても無視できないから、妻は「はいな！　少々お待ちを！」と返事をしながら玄関へ急いだ。

住職も○○さんに挨拶しないわけにもいかないので、妻の後ろについて行った。

妻が玄関の引き戸の鍵を開けて、ガラガラと戸を開けた。

「あらっ。誰もいらっしゃらない」

「変だな」と住職は妻に言いながら、雪駄をつっかけて外に出てみた。

秋の虫が鳴いているだけであった。山門や庭の方まで見て回ったが誰もいない。

彼は、歩いているうちにさっきの「住職ぅ」と呼ぶ声が、玄関の中まで入って三和土《たたき》から聞こえてきたような気がしてきた。だが玄関の鍵は掛かっていた。

翌朝、○○さんの家人から「昨夜、病院で亡くなりました」と電話で訃報が届いた。

お釈迦さまも死後の世界を否定しているわけではない。住職は急いで通夜の準備に取り掛かった。

松源寺の天邪鬼

四天王や毘沙門天ことソロ活動中の多聞天に踏まれている小鬼を邪鬼と呼んでも間違いではないが、もしかすると天邪鬼《あまのじゃく》の方が通りが良いかもしれない。

子どもの頃に『瓜子姫《うりこひめ》と天邪鬼』といった、なんでもアベコベに言う天邪鬼が登場する昔話に親しんだ読者さんも少なくないに違いない。

仏教において天邪鬼は「海若《かいじゃく》」とも書き、本来は毘沙門天の鎧の腹に付けられた鬼面のことだった。これが毘沙門天など仏教守護の神々が足で踏んでいる小鬼のことも「あまのじゃく」と呼ぶようになった由縁だという。

そうしてみると、毘沙門天と天邪鬼は対の存在なのだ。

長野県下伊那郡下条村《しもいなぐんしもじょうむら》に松源寺という浄土宗智恩院派の寺がある。前項「信濃の古刹」と同じく旧信濃国にあって、戦国時代に創建された歴史ある寺で、さらにこちらも邪鬼の木像を所蔵しているという。

ただし松源寺の邪鬼像は明治時代に作られた比較的新しい物で、また明確に「天邪鬼」

と呼び称されており、さらに、前項の邪鬼は火災を招いたのに対し、こっちは雨乞いの神通力を持っているというちょっと対照的な違いがある。

◇天邪鬼の雨乞い

下條村の小松原《こまつばら》は、たびたび日照りに悩まされてきた。その年も春から雨が一滴も降らず、田植えの頃には溜め池の水が尽きてしまった。

どうしたものかと庄屋《しょうや》と村人たちが相談していると、年老いた知恵者が助言した。

「松源寺の天邪鬼には計り知れない力があるという。雨乞いをさせてみてはどうか」

たしかに村には昔から松源寺という寺があった。村人たちが行ってみると、立派な毘沙門天の像があり、その足が怖い顔をした小さな生き物を踏みつけていた。天邪鬼だ。

「天邪鬼が暴れないようにしなくてはいけない」と、まずは和尚さんに読経してもらい、毘沙門天像をどけるとすぐに天邪鬼を荒縄で縛った。

そして縄を引っ張って村を流れる阿知川《あちがわ》の淵まで連れてくると、庄屋以下一同、天邪鬼に向かって手を合わせ、声を揃えて「雨を降らせないでくれ」と繰り返し唱えた。

なにしろ天邪鬼だから、雨を降らせろと言えば絶対に降らせまいとするだろう。

だから逆に「雨は降らせるな」と祈ったわけだ。

すると間もなく極楽峠の向こうから黒雲が湧きあがり、みるみる天を覆うと同時に恵みの雨が降りだして、干からびた大地を潤した。

村人たちは大いに感謝しながら、天邪鬼を松源寺の毘沙門天の足の下に戻した。


十四年ほど前の朝日新聞の別版「ことばマガジン」が、松源寺に取材に行って、明治時代に新造した木像の天邪鬼を撮影しつつ、当時の先代住職の談話を記録していた。

それによれば、この天邪鬼像には縄を掛けられた上で地面を引きずられたことによる無数の細かな擦《す》り傷がついている。

あえて伝承に従い、縄で縛って川まで引きずってきた結果、こうなったのだとか……。

現在は農業用水の水路が整備されたから必要がなくなったと言いながら、先代住職は「ここ三年ほどは雨乞いの儀式はやっていない」とおっしゃっていた。

……では最近までやっていたのかと驚いた。

ふだんは毘沙門天に踏んづけられた格好で保管されているそうだ。

延暦寺で修行して

吊り橋

現在、茨城県の半蔵山《はんぞうざん》常楽寺《じょうらくじ》の法嗣《はっす》でありつつ七宗《しちしゅう》兼學院《けんがくいん》・知正山《ちしょうざん》創巧寺《そうこうじ》の住職をされている林《はやし》行摂《ぎょうしょう》さんから体験談を傾聴した。

林さんは天台宗の現役僧侶で、かつ、ご本名（林数馬）で株式會社おぼうさんどっとこむの代表をされている。一九六六年生まれで私とほぼ同世代。後述する心霊スポット探検といった少年時代のお話には郷愁を禁じ得なかった。

あらためて「お坊さんも人間なのだな」と目を開かされたように思い、同じ人間だからこそ「こういう境地に至ることが可能なのか」と希望を抱かせていただいた次第である。

インタビューにあたっては、いわゆる不思議体験に対するお考えもお聴きした。

読者さんへのメッセージでもあるので、最初にお伝えさせていただこうと思う。

「私自身が体験、体感したことでも、説明のできない場合が多々あります。私たち人間が生きている以外の次元が此の世にはあるのだと知っていただけたらと思います。〝私は経験していないから信じない〟ではなく〝私の外〟にあることのほうが圧倒的に多いのだとわかると、肚落ちすること、納得がいくことがほとんどになりますから……。認知、感覚、判断の差は各々にあって構わないので、どちらかに確定させないとならないという考え方は要らない気がしています」

——では、まずは彼の少年時代のご体験からご紹介しよう。

高津戸峡《たかつどきょう》は群馬県有数の景勝地として知られている。渡良瀬川《わたらせがわ》の中流にあり、橋の上や遊歩道から安全に渓谷美を愉しむことが出来る。橋は二本架かっており、一つは高津戸橋という堅固なアーチ橋、もう一つは、林さんが高校生だった頃は木造の吊り橋だった。

後者の橋の名前は、はねたき橋。

現在はモダンなデザインの橋に生まれ変わっており、夜間はライトアップされている。

だが、彼が高二だったその当時は昭和二十八年に架けられた古い橋で……飛び降り自殺が相次いでいることで悪名が高かった。住んでいた桐生《きりゅう》市の寺から車やバイクで三十分ぐらいのところにあり、よくつるんでいた悪友たちの家も近場だった。

だから自ずと橋の噂も耳にしやすく、「少し前に女の人が飛び込んで亡くなったそうだから見に行こうぜ」と仲間に誘われると、思わず話に乗ってしまったのである。

結局、六名でバイク三台を連ねて行くことになった。彼を含めバイクの免許を持っていない三名は、他三名のバイクにタンデムして現地へ向かった。

橋の手前で車道が尽きていたので、そこからは細い一本道をぞろぞろと歩いた。

到着したのは夜十時を少し過ぎた頃。

木で出来た吊り橋の両側に、取ってつけたかのようなフェンスが張られていた。

「これを乗り越えて飛ぶのは相当だよな」と仲間の誰かが驚きを込めてつぶやいた。

彼も同感だった。フェンスは背丈よりも高く、隙間から暗い谷底を覗き込むと、遙か下で川面が光っていた。並や大抵の覚悟ではここから飛び降りられるわけがない。

――このときは今と違って風が吹くたびに揺れるような粗末な橋で、二メートルあまりと幅も狭かったので、余計に怖く感じられたかもしれない。

みんなで橋の真ん中辺りでたむろして、不良を気取ってタバコをふかしながら、どうでもいいことばかり話した。会話が途切れると、渓谷のせせらぎと吊り橋が不気味に軋《きし》む音しか聞こえない、静かすぎる夜である。

他愛ない冗談を言い合っていたところ、急に一人が甲高《かんだか》い声で何か叫んだ。

「ほらっ」だか「ああっ」だか……なんだろう、と思う間もなく続けて「出たあっ」と言う。

振り向いたときには、そいつはもう橋のたもとへ駆けだしていた。

反射的に橋の反対側を見やると、一組の男女が異常な速さで走ってくるところだ。

女は死装束と思しき白い着物を身にまとい、長い黒髪を風になびかせている。

男は角刈りかリーゼントのような短髪で、堅気《かたぎ》ではないような風体だ。

凄まじい勢いで走っているのに吊り橋は揺れず、足音もしない。

生きた人たちではないのだ。これは到底逃げ切れぬ。

彼と仲間たちは恐怖のあまり大声でわめきながら元来た方へ一斉にダッシュした。

もう駄目だと思ったが、なんとか彼は橋を渡り切った。他の四人も。

「助けてぇ」と、しんがりの一人が後ろで悲鳴をあげた。

たたらを踏んで振り返ると、死装束の女に左足のすねを掴まれて倒れていた。

あと一歩で橋を渡り切るというところで転んで、女に捕まったのだ。

五人がかりで橋のこちら側までそいつを引っ張って、女から引き剥《は》がした。

女の手がはなれた瞬間、彼は見た。

掴まれていたところが鬱血して、手の形に赤黒く変色しているのを。

気づけば、男女の幽霊は橋の向こう岸へ帰ってゆくところだった。

比叡山にて――一つ目の傘お化けと慈忍和尚――

密教の行《ぎょう》は非常に辛いものらしい。ことに天台宗の護摩行は。

本書で取材させていただいたある真言宗の僧侶の方が「真言宗は天台宗に比べたら雑密だと言われることがありますよ」と笑いながら言っていた。

真言宗の修行も大変なのは言うまでもないから謙遜されたのだ。

しかし林さんのお話を伺った限りでは……収容所や拷問のイメージが頭に浮かんだほどだったので……。

ただし、彼が修行したのは三十数年も前のことだ。

当時と現在とでは世間の常識も大きく異なる。

彼自身もご著書の中で「今でも厳しい行は行われているのですが、少し状況は変わっているかもしれません」とお書きになっていたことに、少し救われた思いがした。


――さて、天台宗の行院《ぎょういん》で過酷な試練が与えられがちだった頃のこと。

林さんは大正大学に進学して仏教僧を目指していた。一年次では学寮で日々勤行しながら学び、二年次は下宿から通学した。一、二年次とも夏休みに比叡山の研修道場で一週間の行体験があり、三年次になると、だいたいわかったつもりになっている。

だが、もちろん何もわかっていなかったと思い知らされるのだ。三年次の通過儀礼とも言うべき行で。

天台宗の行とは具体的に何か。大まかに言えば、さまざまな試練を受けながら春夏秋のいずれの時季に六十日から百日間ほど比叡山延暦寺の行院で過ごすということになる。

林さんたちの行には夏休みの六十日間が充てられた。

大正大学と叡山学院の学生と、その他の希望者が集い、前半は法要の執り行い方を学び、後半で護摩行など密教の修行をした。

これだけ聞くと簡単そうに思えるかもしれないが、その他に前半は作務《さむ》や三日間の礼拝行が、後半の護摩行では厳しい潔斎《けっさい》が行われる。

しかも、たとえば作務と言っても単に雑用を手分けして片づけるのではなく、まずは大正大学から一人と叡山学院から一人が選ばれて、たった二人に膨大な量の肉体労働が課されるのだ。掃除、水汲み、他にも崖に登って樒《しきみ》を採ってきたり授業の準備をしたり……。

実に理不尽。だが、そのうち自発的に指導員の許可を得て手伝う者たちが現れる。

礼拝行は三日間だけだ。しかし、たちまち膝が擦《す》れて血を流し、治る暇もなく擦過傷《さっかしょう》が深くなり、化膿して血膿を流しながらの苦行なのだ。

さらに、行の途中で怠ける者やズルをする者が一人でも出たら一蓮托生、全員がやり直しをさせられるというきまりもある。後半では座学が増え、消灯後も懐中電灯の明かりで書物を読まねばついていけない。そして午前一時半に起床して護摩壇の準備をする。必然的に極度の睡眠不足に陥ってしまう。そこへ潔斎による飢えが襲いかかる。

肉類魚類、卵は禁止。蛋白質は一日コップ一杯の牛乳のみ。粥《かゆ》を中心とした精進《しょうじん》メニューなのだが、林さんは体調不良で最後の方は粥が喉を通らなくなり、入山前は六十四キロあった体重が四十七キロに落ちてしまったという。

彼だけではない、みんながそういう状態に陥ったのだ。

心身ともに極限まで追い込まれた結果だろうか。

やがて、彼曰く「聞こえてはいけないものが聞こえるようになった」とか。

あるときは、全員で読経していたところ、ひときわ高く澄んだ声が聞こえてきた。

みんなに唱和して読経しているのだが、明らかに女の声だ。

終わってから、全員が周囲を見回した。ここに女性が参加していないことは誰もが承知していたが納得がいかない。

そのうち、六十人中、一割ぐらいが、女の読経が聞こえていたことがわかった。

それからも再び、三度……と、勤行《ごんぎょう》のときに女の声が聞こえたので、彼は思った。

「尼さんが行中に亡くなっているのではないか」と。

しかし指導員に訊ねると、そういう話は聞いたことがないという答えが返ってきた。

だが、その後、ふとした刹那に女の読経が遠くから流れてくることにも気がついた。

また、夜、疲れ切った体で座禅をしていると、背後から「起きよ」と叱られたことも。

うっかり眠ってしまって師僧に怒られたと思ったが、振り返っても誰もいない……。

肉体的な限界が近づくにつれて五感が研ぎ澄まされていくことも、行の終盤では実感したとのことだ。

満天の星々と対峙する己の小ささ。山の匂い。水の肌触り。風の囁《ささや》き。虫の歌。

比叡山延暦寺の行院には、不思議なジンクスもあった。

一つ目の傘お化けを見たら山を下りなくてはいけないというのである。

行の途中で山を下りれば破門になる。それでも見てしまったら問答無用で荷物をまとめて山を下りることになっていた。

「一つ目の傘お化けを見たら報告しなさい」と指導員たちは真顔で彼らに言い渡した。

錯乱して「お不動さんが笑っている」と騒ぎだした者がいたそうなので、精神の均衡《きんこう》を崩した末に、一つ目の傘お化けを目撃する者が出ることが過去にあったのかもしれない。

――林さんからこの話を傾聴した後で、とある怪談会の参加者から「比叡山には一つ目で一本足のお化けの伝説がある」と教えてもらった。

調べてみたら、延暦寺発祥の地に建つ東塔《とうどう》の総持坊《そうじぼう》という修行道場に伝説の根源が存在した。それは一つ目で一本足の奇怪な僧侶の姿を表した一幅《いっぷく》の絵だ。

右手に杖を左手に鉦《かね》を持った僧形だが、どう見ても妖怪である。

しかし、これは天台宗の高僧・慈忍和尚《じにんかしょう》を描いたものなのだ。正確を期すなら、その幽霊の姿ということになるが……。

慈忍は死後に与えられた諡号《しごう》で、生前は僧名を尋禅《じんぜん》といって、第十九代天台座主《ざす》だった。平安時代に実在した人物だという。良源和尚《りょうげんかしょう》や元三大師《がんざんだいし》の名で知られる延暦寺の中興の祖・慈慧大師の弟子で、師の教えを忠実に守る霊験あらたかな僧であったとか。

真言を唱える尋禅のかたわらには、仏教の守護神の一つである制多迦童子《せいたかどうじ》が付き添っていたという逸話がある。並の霊力ではなかったわけだが、五十六歳で病を得て隠居、翌年に死没した。

すると、ほどなくして怪しい評判が比叡山を駆け巡った。

修行僧が夜陰にまぎれて酒食を愉しむために山を下りようとすると〝一眼一足法師《いちがんいっそくぼうし》〟が出てきて脅しつけるというのだ。

そしてその正体がこんな化け物になってまでも天台宗の戒律を守ろうとする慈忍和尚だと信じられるようになって、今日に至っているのである。

慈忍和尚は夜な夜な鉦を鳴らしながら比叡山を徘徊しているそうで、比叡山七不思議の一つに数えられている。

――たぶん、これが林さんたちが聞かされた「一つ目の傘お化け」の原型だと私は推察したのだが、皆さんはどう思われるだろう。

一眼一足法師こと慈忍和尚は比叡山七不思議の一つで、あとの六つも「一文字狸」「蛇ヶ池」「なすび婆」「船坂のもや船」「乙女《おとめ》の水垢離《みずごり》」と、怪談好きな私にはどれも魅力的に思われるが長くなるので、この辺で。興味のある方は各自でお調べください。

故人の口癖

林さんが代表を務める（株）おぼうさんどっとこむは、仏事全般に関する対応や相談などを行う仏事総合サービス企業だ。同社を起こしてからは、林さん自身も、ここの窓口を介して法要を引き受けることが増えた。法事の依頼はインターネットか電話で申し込まれるので、少なくとも初回は必然的に、未知の依頼者のもとへ出向くことになる。

そのときも、まったく面識がない依頼者のところで、葬式を行うことになった。亡くなったのは依頼者の父だという。享年は六十八。

林さん自身も父親を同じ歳で亡くしていた。依頼者は故人のご長男で、歳の近い弟さんがおり、林さんは兄弟と同世代。他人事ではないような気持ちがしたが、そうでなくとも、いつも親身になって相談を受ける主義である。

このときは喪主となったご長男から「般若心経を読んでほしい」と頼まれた。

「うちの親父は般若心経が好きだったので、般若心経を読んでください」

天台宗の僧である彼は、葬式の際には法華経や阿弥陀仏、光明真言を読んできた。しかし立っての頼みであるから快諾して、般若心経を読んだ。

そして、特にこれという理由もなく自然に思いついて「何事も自分の責任のもとで行いなさい、やったことの責任を持つようにしなさい」という主旨の法話をした。

するとと終わった途端に「林さん、うちの親父知ってますよね？」と兄弟に訊かれた。

「いいえ。存じあげませんが」

「林さんが法話でおっしゃったことは親父の口癖だったんですが？」

「いいえ、申し訳ありませんが偶然です」

「本当ですか？　親父が話しているみたいで家族全員びっくりしちゃって……」

兄弟は信じられないというようすで、見れば、他の遺族たちも驚いた顔をしていた。

やがて故人は一周忌を迎えた。兄弟は再び林さんに法要を頼んだ。

このときも般若心経を読み、思い浮かぶままに「感謝を忘れないように」といった内容の法話を説いた。ところが、またしても兄弟に詰め寄らんばかりの勢いで指摘された。

「やっぱり林さん親父のこと知ってるんですね！　今日のお話こそ、親父が口酸っぱく僕らに言ってきたことですから。もしやどこかで親父の書いたことをご覧になった？」

林さんは驚いたが、途端にこれは故人の意思だったのだと天啓が閃き、兄弟ら遺族に、

「お父さまは私を媒介として、お伝えしたかったことを話されたのでしょう」と告げた。

ときとして故人は遺した者たちに想いを伝えようとするものだと林さんは言う。

愛になる

林さんが亡くなった人の声を初めて聞いたのは今から十二、三年前のことだという。

自ら命を絶った男性の葬儀が、通夜から葬式まで二日間にわたって行われたのだが、通夜が始まったときからずっと「ごめんなさい」と繰り返す声が聞こえつづけた。

はっきりと聞こえるのに、誰も反応を示さないのだ。喪主の未亡人をはじめとする参列者の耳には届いていないと思われた。しかし彼の鼓膜には、ただ謝るだけではなく何か切々と訴えかけるような微妙な抑揚までも明瞭に伝わってきた。

自死した男性は二十九歳で、遺した妻も若かった。両親も健在で、全員悲嘆に暮れている。

とうとう火葬場で荼毘に付す段となると、未亡人が泣き崩れた。

「なんで先に逝ったのよ。どうして一人で逝っちゃったの……」

それまでは健気に耐えていただけに、ひとたび取り乱しはじめたら止まらず、地面に倒れ込んで号泣しだした。

他の遺族も涙を誘われてむせび泣き、哀切きわまる光景に林さんも言葉を失いかけた。

と、そのとき突然、彼の右耳のすぐ後ろで、今しがたまで「ごめんなさい」と謝っていたのと同じ声が「僕がみんなの愛になります」と宣言した。

そこで彼は咄嗟に「旦那さまの声が聞こえたのでお伝えします」と未亡人に言った。

「実はお通夜のときから、ごめんなさいと繰り返す声を延々と耳にしていました。先に亡くなったことを申し訳なく思っていらしたのでしょう。でも、ご自分がみんなの愛になると先ほど言われました。人に愛を傾け、優しい心で接するとき、そこに必ず旦那さまがいらっしゃるということですよ。ずっと一緒にいてくださるという意味ではありませんか」

若き未亡人は涙を拭って立ちあがり、「安心して送れます」と彼に応えた。


その後も、生まれつき難病に苦しんだ末に二歳で亡くなった女の子が、葬儀のときに、幼児らしい舌足らずな口調でこう言うのを彼は聞いた。

「ママに伝えて。あたしママの愛になるの」

また、ある七十代後半の男性故人も収骨中に「私がみんなの愛になるから」と告げた。その場で遺族に伝えても「うちの親父に限ってそんなこと……」と取り合ってもらえなかった。

しかしそれは、生前は照れくさくて愛なんて口に出来なかった男性が、あちらに旅立つときになってみて、どうしても言っておきたいと思ったメッセージだったに違いなかった。

怨霊成仏！　祐天上人

古典怪談や江戸文学がお好きな方なら、きっと祐天上人《ゆうてんしょうにん》の名を知っている。祐天上人は、怨霊退治といえばこの人の右に出る者はないと言っても過言ではないほど、江戸時代の怪談的実録モノに登場する。

そんなお江戸のゴーストバスター、もしくは近世日本版エクソシストとも呼ぶべきこの人物は、江戸初期の寛永十四年五月に生まれた。奇しくも妙行寺に伝わるお岩さまこと田宮岩が逝去した翌年だ……などと脱線していたらきりがないのでやめておく。

生まれは現在の福島県いわき市四倉町《よつくらまち》にあたる磐城国磐城郡新田村《いわきのくにいわきぐんにいだむら》。十二歳で江戸に出て増上寺で修行したが経文が暗記できなかったので破門。再起を賭けて成田山新勝寺《なりたさんしんしょうじ》に行って祈願したところ、不動明王が夢に現れて彼の喉に剣をグサッと突き刺した。なんだか痛そうな夢だが、目が覚めると急に賢くなっており、最終的には浄土宗大本山増上寺の三十六世住職になった。

今も昔も悪霊対策を得意とするのは真言宗や天台宗といった密教系だが、祐天上人は浄土宗で、どんなモンスターも念仏の力で成仏させてしまうのが特徴だ。

また、全国行脚《あんぎゃ》の旅をしていた時期があることから、さまざまな土地に足跡を残した。つまり各地でいろんなものを成仏させたり、ファンにサイン、もとい、信者の求めに応じて「南無阿弥陀仏」の六字名号《ろくじみょうごう》を書き記したりした。おまけに奈良や鎌倉の大仏も再興させた。

その結果、彼の名声は天下に轟き、一種の英雄として晩年までに複数の出版物や説教節に登場することに相成った。

生前に出された実録『死霊解脱物語聞書《しりょうげだつものがたりききがき》』は、後の『累ヶ淵《かさねがふち》（古《ふる》がさね）』や三遊亭《さんゆうてい》圓朝《えんちょう》の名作『真景累ヶ淵《しんけいかさねがふち》』といった落語や講談の原案として知られる。

享保三年に八十二歳で大往生を遂げて目黒の善久院《ぜんきゅういん》（現在の祐天寺）に葬られた。荼毘に付した際に舌の根の部分がなぜか焼けずに残り、同寺の宝物として大事にされたとのこと。

死後も人気が衰えず、『祐天大僧正御伝記《ゆうてんだいそうじょうごでんき》』といった長編の伝記が書かれたのだが、その頃から次第に神格化が進み〝地蔵菩薩の化身〟として長く大衆に愛されることとなった。

◇累ヶ淵

さて、そんな祐天上人の青年時代の代表的逸話が、先述した『死霊解脱物語聞書』こと羽生村《はにゅうむら》事件だ。それはこのような出来事だった。

――三十代前半の頃、祐天さんは、師匠の檀通上人《だんつうしょうにん》と共に現・茨城県の弘経寺《ぐぎょうじ》という寺で修行していた。

寛文十二年三月十日、当時三十三歳の祐天さんに弘経寺の寺男・権兵衛《ごんべえ》が「羽生村のお菊《きく》さんに、また累《かさね》の怨霊が戻ってきたようです」と報告した。

祐天さんはお菊さんと累について前情報を耳にしていた。累の霊は法蔵寺の住職が念仏で功徳したはず。そこで「マジで？」という態度を見せると、権兵衛は、

「累の怨霊をご自分の目で見てみたいとおっしゃっていたじゃないですか」と返した。

「うん。本当だとしたら、お菊さんが注文した石仏にお師匠さんが開眼供養することになってるし、放っておくわけもいかねえ。よしっ、俺が累を成仏させようじゃないか！」

「やってくれますか。さすが祐天さん」

「おう、修行の腕試しだ。お菊さんを救えなきゃ坊主を辞める覚悟でやってやる」

と、こんな調子で威勢よく祐天さんは同僚の僧数名と、お菊の家に向かった。

お菊は、父・与右衛門《よえもん》宅で寝込んでいた。この与右衛門が曲者で、婿養子として土地持ちの家つき娘・累と結婚すると、累を殺害して資産を手に入れた。その後、迎えた後妻たち五人も相次いで死んだという、犯罪の臭いがプンプンする男。こいつが呪われればいいものを、六番目の妻の子で只今十四歳のお菊に累が憑依したというわけであった。

さっそく祐天さんが読経しはじめると、物見高い村人たちが集まってきた。気が散ってしょうがないので、「うるせえ!」と彼は野次馬を一喝《いっかつ》して、天に向かってこう言い放った。

「阿弥陀仏さんよ、天眼天耳《てんげんてんに》こっちに向けて俺の言うこと聞きやがれ。念仏唱えりゃ成仏するはず。阿弥陀浄土は嘘だってか? 俺が間違ってんなら手下《てか》(守護神)にこの身を引き裂かせてみやがれ。いい加減にしねえと、外道に鞍替えして仏法破滅させるぞ!」

まさかこんなバチあたりなことを言うわけがない、と、お疑いの向きは白澤社から出ている『死霊(略)』を読むべし。

私流の意訳ではあるが、主旨はおおむね合っているから。

結局、祐天さんは累を成仏に導いただけではなく、六十一年前に先代・与右衛門の妻が殺した男の子の霊も供養した。お菊は健康を取り戻し(私は納得がいかないが)父・与右衛門も呪いが解けて家が豊かになり、みんな末永く幸せに暮らしましたとさ——以上。

だいたいこのような話なのだが、これを書いたのは祐天上人ではなく「残寿《ざんじゅ》」という僧名以外は謎の僧侶だとか。

残寿さん、祐天上人に憧れていたんだろうなぁ。かっこいいもんね。

◇十五人の水子

水子供養の習慣は昭和期、しかも第二次大戦後に出来たという説がある。一種の宗教商品として開発されたというのだ。

事実、日本においては長い間、水子や乳幼児を弔う習慣がなかった。赤子の遺体は袋に詰めて裏山に捨てたり、あるいは呪術的な意味で玄関の土間に埋めたりされてきたものだ。

しかしながら、祐天上人は早くも江戸時代に水子供養を行ったと言われている。

彼にまつわる実話集『祐天大僧正利益記』によれば、元禄時代に江戸市中の高野《たかの》新右衛《しんえ》門《もん》という男が愛人をうっかり死なせてしまうという事件が起きた。

本妻に隠れて付き合っていた愛人が妊娠して、慌てて堕胎薬を飲ませたところ、中毒死したのである。するとその直後に愛人の霊が新右衛門の娘に憑依して「祐天上人に回向してほしい」と娘の口を借りて訴えた。

そこで祐天上人が出向いたところ、怨霊化した愛人が乗りうつった娘が言うことには、新右衛門がらみで祟っているのは自分の他に、新右衛門の愛人一号、二号、三号、その他が堕胎させられた赤子たちがいる。その数なんと十五名。

さらに愛人の怨霊は一号、二号、三号、その他数名の住所までその場で暴露したので、新右衛門は大恥をかいた。

祐天上人は、十五名の水子の霊に法名を付けてやり、全員を成仏させた。

それらの法名は、新右衛門の菩提寺だった花岳院《かがくいん》の過去帳に記されている——と、『祐天大僧正利益記』に書かれているのだが、現在の東京都港区にある増上寺の山内寺院・花岳院にそういった記録が本当に残っているかどうかは定かではない。

◇秘密の恋文

私が偏愛する『耳嚢《みみぶくろ》』の三巻に「明徳《みょうとく》の祈禱其依所《きとうそのよりどころ》ある事《こと》」という話があって、そこにも祐天上人が登場する。

——亡くなった裕福な家の娘が化けて出て、両親のみならず家内の者全員が一度ならず目撃した。いつも使っていた座敷の隅にぽつんと佇んでいて、他の場所には出ないが、まごうかたなき幽霊。なぜか成仏できなかったと見える。

娘の父母は嘆き悲しみ、飯沼村の弘経寺にいた当時（累ヶ淵と同じ時期）の祐天さんに供養を依頼した。

祐天さんは現場に案内させると、娘の幽霊の定位置に梯子を掛けた。

そして、なぜか火鉢に火を起こさせておいて、自ら梯子に上ると天井板を押し開けた。

何をしているのか……と、家人が興味津々で見守っていたところ、彼は天井裏から手紙の束をごっそり取り出したかと思うや、間髪入れず一気に火鉢に放り込んだ。

この辺は息もつかせぬスピードで、すぐに火鉢をバタバタ扇いで火勢を強め、手紙がすべて燃え尽きるまで誰にも触らせなかった。

一片も残さず煙と化したのを見届けると、ポカーンとしている一同に、彼は言った。

「もう娘さんの幽霊は出てこないよ」

果たして、その後は本当に二度と娘の亡霊は現れることがなかった。

実は、この娘には、生前、密かに交際していた男がいて、その男から貰ったラブレターや、また、自分が男に出そうと思って書き損じたのやらといった、恥ずかしくて家族には絶対に見られたくない手紙を天井裏に隠していたのである。

祐天がいち早く娘の秘密に気づいたことを受けて、筆者の根岸鎮衛《ねぎししずもり》は「かゝる智者にあらば祈禱も験奇有べき道理也（こんな知恵者なら祈祷も奇功を奏するわけだ）」と称賛した。

ネパールの密教寺院にて

大谷大学出身のSさんは、九十年代後半に研修旅行でネパールの各地を訪問した。

そのとき同道した当時五十六歳の仏教学者から傾聴した話が忘れられないとのこと。

「先生は生家がネパールにあるとのことで帰省を兼ねた旅だったのです。おのずと少年時代に見聞きしたことを懐かしく想い出されたのでしょうね。八十年代に日本に帰化されて大きな賞を受賞されたこともある著名な方ですが、ご存命なので、お名前は伏せていただきたいと思います」

Sさんのお話を傾聴したところ、件の学者さんが語られた出来事はいずれも四、五十年以上前に起きたことのようだ。

そのため少し寓話的というか、細部に曖昧なところがあるのだが、ネパールのチベット仏教と当地の民間信仰が入り混じった珍しい話なので本書に加えることにした。

後に高名な学者になった話者の名前を仮にKさんとして綴ってみたい。

悪霊が憑いた骨

Kさんが生まれ育った家の近所に石造りの仏教寺院があった。天井が高く壁も床も石材で出来ていて、高地にあるため朝晩は恐ろしく冷え込んだ。

修行僧たちは、そこで明け方から夜遅くまで絨毯《じゅうたん》を一枚敷いただけの冷たい床に座り込んで読経して過ごす。彼らの多くが猫や仔犬を膝に抱いて経文を読んでおり、犬猫をペットとして可愛がっているわけではなく、彼らの体温で暖を取るためであった。

辺りには野良犬や野良猫がうろうろしていたが、寺では邪険にされることもなく、残飯にありつける。だから何十匹も棲みついてしまったに過ぎず、正式に飼われているわけではなかった。坊さんたちも愛玩物とは見做《みな》しておらず、鼠除けになる猫はともかく、犬は膝の上に納まらないサイズに育つと屋外に追い出していた。

だから、寺の周囲を徘徊している犬たちは人に懐いていなかった。どの犬も大きくて凶悪な面構えをしており、大人たちは「近づいてきても無視しなさい。噛まれたら狂犬病になるかもしれないよ」と子どもたちや旅行者に注意を促していた。

Kさんが「お坊さんたちは大丈夫なの？」と問うと、「お坊さんたちは仏さまに護られているので噛まれない」という答えが返ってきたものだが……。

あるとき、その寺のお坊さんが犬に噛まれた。

仏さまに護られているはずなのに。しかも噛まれたのは高位の僧侶だった。

たいへんな騒ぎとなり、Kさんたち近所の子どもらの耳にも届いた。

怪我を負った高僧は、足を切断しなければならないほどの重傷で、命も危ないということだった。

事件の翌朝、寺の門前にボロ雑巾のようになった犬の屍骸が置かれた。

町の人たちは屍骸を見て、高僧を襲った犬だと口々に言った。懲らしめるために誰かが嬲《なぶ》り殺したのかと最初は思われた。

だが、よく見れば、大小さまざまな犬の噛み傷だらけであった。

恩に報いるために他の犬たちが罰したのだろうか……。この寺では犬たちに残飯を与え、仔犬の頃は屋根の下に住まわせてやっていたから……。

門前で腐らせるわけにもいかず、屍骸は寺で火葬された。

すると、ふつうの骨が白いのに対して、この犬の骨は木炭のように真っ黒であった。

水で洗っても黒いままだったから煤《すす》汚れでもない。

「悪霊に魂を喰われると、骨が黒くなるのだ」

僧侶たちや町の大人たちがそう話すのを聞いて、Kさんは恐ろしいと思った。

この寺の辺りにいる犬たちは、ありがたいお経を浴びるように聞きながら育つ。

お坊さんは仏弟子だから、悪霊に体を乗っ取られでもしない限り、ここの犬が傷つけるわけがない。

高僧を襲った犬の正体は悪魔で、仏の加護を受けた犬たちがそれを退治したのだ。

その証拠が黒く染まった骨である――と町の誰もが言っていた。

「あれから五十年も経ったけれど忘れられない事件だ」とKさんは語ったとのことだ。

寺に来た兄弟

これは、今から四十年ほど前のネパールでKさんが見聞きした出来事だ。

近所に住んでいた幼なじみが出家して、Kさんの家のそばの寺に入った。三兄弟の長男坊で、たいへん賢い上に性格も良い人間だった。すぐに熱心に修行に取り組みはじめたが、Kさんや弟たちが訪ねていくと、わずかな休み時間を割いて歓迎してくれた。

幼なじみの家の次男と三男は、町内でよく知られた裕福な家に婿入りした。Kさんたちチベット族の間では女が婿取りをするのが常識だった。一妻多夫も珍しいことではなく、次男と三男は二人一緒に家付き娘の夫になったのだ。

ところが三男ばかりが妻に愛され、次男には夫婦らしい愉しみは一切与えられなかった。おまけに使用人も同然にこき使われたのでたまらなくなり、寺にいる長男に相談した。

「兄さん聞いてくれ！　結婚してから俺は下男のように働かされて、弟ばかりが贔屓《ひいき》されているんだ。妻のことも恨めしいが、近頃はあいつが憎くなってきたよ」

長男は次男を気の毒に思った。

熱いバター茶と砂糖菓子をふるまって慰めると、やがて次男は婚家に帰っていった。

しかし数日すると再び寺に訪ねてきて、「我が家は針のむしろだよ」と愚痴をこぼした。

「この前ここへ来たことを責め立てられて、ますます居心地が悪くなってしまった」

見れば次男はずいぶん痩せて、顔色も冴えない。まさかとは思うが食事も満足に与えられていないのでは……と長男は心配し、弟たちが婿入りした家の辺りにわざわざ出向いて、

「そこの家に新しく来たお婿さんたちについて何か知りませんか」

と、通りかかる人たちに訊ねてみた。

「婿さん兄弟の兄の方は、誰とも仲良くできないらしいよ」

次男は近隣住民たちにも受けが悪いようだとわかり、長男は心を痛めた。

だが、どうしてやることも出来ない。せめて自分だけは親身になって話を聞こうと思い、次男が三日にあげず寺に来るようになっても追い返さず、無理をしてでも相手をした。

それでも次男の状況は悪化するばかりのようだった。

しばらくして、修行僧たちが便所を避けて、庭の植え込みに隠れて用を足していることが発覚して、寺で問題になった。

長男自身は庭で用足しをしたことはなかったが、寺の便所は屋外にあって、夜ともなれば暗闇に閉ざされており、昼でも寒い上に不潔なことも多かったので、庭でしてしまった仲間たちの気持ちは理解できた。

しかし、犯人として吊るしあげられた修行僧の弁解は、実に意外なものだった。

「夜になると屋外便所には幽霊が出ます。私たちは怖いから仕方なく庭でしたのです」

これを聞いて高僧たちは「愚かなことを」と失笑した。

「便所まで行くのを面倒くさがって手近なところで小便を垂れたに決まっておる。二度と不心得者を出さないように、おまえたち修行僧は交代で毎晩境内を見張りなさい」

こう命令されてしまったので、修行僧たちは話し合って見回り当番を決めた。

下っ端の修行僧が日替わりで夜の境内を巡回して、結果を兄弟子に報告することになると、何日も経たずに「奇妙なものが便所を覗き見する」という噂が立ちはじめた。

兄弟子たちはうんざりしながら、噂の発信源になった二、三人を追及した。

「また師僧に叱られたいのか。いい加減にしろ。なぜそんな嘘を吐《つ》くんだ？」

「違うんです。本当なんです」と、なじられた方は必死の形相で訴えた。

「あの便所には明り取りの窓がありますよね？　巡回中に小便がしたくなったので便所に入ったら、あそこから覗き見されました」

「バカ言うな。あそこの窓は、背丈の二倍の高さに付いている。覗き込めるもんか！」

「だから人間じゃないんですよ。自分は、やたらと細長い形をした人影のようなものが庭をうろつくのも目撃しました。覗き見はあいつの仕業です。月明かりに照らされた顔には血の気がまるでありませんでした。間違いなく幽霊がいるんですよ！」

彼らの表情や口ぶりは真剣そのもので、正直に話しているように見受けられたが、兄弟子やまだ当番をさせられていない者たちは半信半疑だった。

数日後、例の長男に見回り当番が回ってきた。

ランタンを下げて暗い境内を巡回し、最初は何事もなかったが、問題の便所の建物にべったりと張りつく不審な影を発見した。

三メートルあまりも身長がある、人に似た姿形をした化け物が、明り取りの窓から便所の中を覗き込んでいる。

怖さを堪《こら》えて素早く近づき、「そんなところで何をしている？」と誰何《すいか》した。

するとそいつがサッと振り返った。

「あっ、おまえは……」

その怪人の顔は、入り婿した先で可愛がられているはずの三男坊そっくりだった。

それは物言いたげな顔をして口をパクパク開閉させたが、声は聞こえなかった。

そして長男に話が伝わっていないことを悟るとうなだれて、スーッと姿を消した。

――長男は兄弟子に「幽霊らしいものを私も見ました」と報告したが、その顔が下の弟に瓜二つだったことは伝えなかった。化けて出たということは三男の身に不幸が起きたのだと推測できたが、真相を確かめもしないうちに口にするべきではないと考えたのだ。

翌朝、弟たちの婚家を訪ねようとしたところ、いざ出掛けようとしたちょうどそのとき寺に使いの者が来て、「昨夜、上の弟さんが下の弟さんを殺めました」と彼に告げた。のけ者にされていた次男が、妻に大切にされていた三男を殺してしまったというのだ。

こうなることは予想できたと彼は思い、たいへん後悔した。

——奇妙なのは三男が殺害されたのが昨日の夜で、おそらく彼が化け物と遭遇した頃だったことだ。

屋外便所を覗く細長い幽霊は、何日も前から目撃されていたではないか？

その頃はまだ三男は生きていたはずだ。

それにまた、なんで便所を覗き見していたのか？

謎は謎のまま月日が流れた。

次男は死罪になった。

長男坊はその後も寺で修行を積み、非常に努力した結果、高い位に就いたという。

弘法大師の犬神伝説

昨年（二〇二三年）で弘法大師は生誕千二百五十年を迎えた。

弘法大師は、真言密教を日本に広めた平安時代初期の僧・空海の諡号だ。彼は高野山に金剛峯寺《こんごうぶじ》を開いた。真言宗の開祖であり、これにより弘法大師信仰が形づくられていった。弘法大師自身が各地を行脚した結果、各地に弘法大師信仰が普及すると同時にさまざまな伝説が生まれた。そんな伝承のうちから、四国の犬神にまつわる逸話を次にご紹介する。

◇絵から生まれた犬神

四国を巡るとき、一宿一飯の御礼として弘法大師が猪除けの呪いを授けることがあった。サラサラと何か書いた紙を畳むと、それを包んで封印し、「封を切ってはなりませんよ」と言いながら、恩義を受けた主に手渡して立ち去った。するとと畑を荒らす猪が現れなくなったので、その家の者たちは不思議に感じて「大師さまはいったい何を描いたのだろう」と知りたくてたまらず、とうとう封を破ってしまった。

難しい呪文が記してあるのかと思いきや、犬の絵が描かれているだけだった。その犬が絵から飛び出して犬神となり、家に憑いたのだという。

犬神は家人それぞれに一匹ずつ憑いており、そのため、よその家の者と婚姻すると、婚家も犬神憑きになった。憑かれていない者には犬神の姿は見えない。

犬神と言っても「犬よりも鼠に似ている」と話す者もいた。

◇麦農家の受難

昔は黒岩村と呼ばれた今の高知県高岡郡佐川町や越知町《おちちょう》の辺りでは、犬神は弘法大師がもたらしたと言い伝えられていた。

——曰く、弘法大師はインドから経典と共に麦の種を日本に持ち帰った。その麦に犬神が憑いていたので、麦を作る農家に犬神がいるというのである。

麦農家で、かつ、不信心で祈りが足りない家では、原因がわからない病人が出たり、豆が煮えないので豆腐が作れなかったり、臼が回らないから籾《もみ》ずりが出来なかったりした。

「そういう家は犬神が憑いている」と、この辺りでは言われていたとか……。

◇犬塚

現在の香川県の善通寺市《ぜんつうじし》に伝わっている犬塚の伝承も、弘法大師と係わりがある。

弘法大師は天竺から麦の種を持ってきたが、それを撒くときに麦畑の番犬を図らずも死なせてしまい、深く悔やんだ。

しかし秘法を持っていたので、いったんは死んだ犬の命を蘇らせた。

この犬を祀る犬塚があり、そこに生える苔には子どもの〝おこり病み〟を治す霊妙な力が宿っていると言い伝えられていた。おこり病みはマラリアの古名で、日本では「童病《わらわやみ》」や「瘴気熱」とも呼ばれて命取りの病気であった。

今でも香川県善通寺市仙遊町《せんゆうちょう》には、この伝承の犬塚だとされる石碑が残っている。大日如来を表す梵字が石碑に刻み込まれ、善通寺市教育委員会が作成した犬塚の説明板には、「弘法大師が日本に持ち帰った薬草（麦の種子）」という、麦こそが妙薬だったとも受け取れる記述が見られる。

仏壇あきんどの内緒ばなし

昭二さんは、大正元年創業の仏壇仏具販売会社に三十年近く勤務している。

主な取引先は、北陸地方と滋賀県の一部にある百軒あまりの寺院とそれらの檀家さん。

日本仏教十三宗派と五十を超える諸派のいずれも差別なく、さまざまな宗派と、百十年あまりも交流があるそうだ。

では、さっそく昭二さんから傾聴したお話を綴っていきたい。

お性根抜き

昭二さんによれば、住職と個人的に信頼関係が出来ている方や、菩提寺を大事になさっている檀家さんは、寺を通じて仏具を買い求める傾向があるという。

彼の会社では、寺を介して商品を販売するだけではなく、檀家さんが手放した古い位牌《いはい》や仏像、仏壇などの下取りも行っている。

売る分についてはショップサイトの通信販売でも販売店の店頭でも構わないが、下取りする際にはお性根抜きの必要があり、僧侶の存在が欠かせない。

お性根抜きは魂抜きとも呼ばれ、物に入った霊魂や神を抜き去ることや儀式を指す。

昭二さんが寺から下取りする不用品は、中古の仏壇、仏像、位牌、卒塔婆、骨壺など。

「受け取りに行く前に、あらかじめお寺さんでお性根抜きしてもらいます。引き取った物は社の倉庫で保管した後、多くは業者さんに卸します。……罪深い仕事だなぁと思いますよ。古い仏壇や仏像を扱う専門業者がいて、そちらでは金箔を剥がして売る次第です。骨壺は私たちの方で砕いて不燃物ゴミとして扱うのですが、骨灰がこびりついていますからね。叩き割っている最中に血が出るような怪我をすると、祟られたような気がして、お性根が抜けていないんじゃないかと疑いたくなってしまいます」

お性根は本当に存在していると彼は固く信じているという。

とある曹洞宗の寺院の住職から、真顔でこう打ち明けられたこともあるとか。

「坊主を五十年やっていても、未だにお性根抜きが出来ない物があります」

――そのとき彼はこの寺から直帰する予定で、お茶をご馳走になりながら年輩の住職と会話を愉しんでいた。「坊主」とは住職ご自身のことに相違ないが、品良く歳を重ねた紳士で、修行熱心であり、地域の信頼も厚い人だった。

長い坂道の上にこの寺の山門があった。坂の麓に広々した墓苑を有する古刹である。

ここでは昔から人形供養も行ってきた。

それなのにお性根抜きが出来ないことがあるとは、と、昭二さんは意外に感じた。

長い付き合いで気心は知れている。彼は住職に訊ねた。

「まさか、ご住職に限って……。慣れていらっしゃるでしょう」

しかし住職は苦笑いして「無理なこともありますよ」と彼に応えた。

「最近も、つい先日ご父君を亡くされて代替わりした若い檀家さんから、何代も前から家にあった雛人形をお焚き上げしてほしいと頼まれましてね……」

「雛人形ですか」と昭二さんは応えながら、この寺の人形堂を思い浮かべた。

引き戸が付いた大きな祠が境内にあり、そこに人形や玩具が収納されているのだ。

自由に出入りできるので一度だけ見物したが、これらの持ち主がみんな亡くなっていると思えば物悲しくもあり、少し不気味でもあるので、また訪ねたいとは思わなかった。

住職は「古い雛人形のお性根抜きなんて容易に出来るものではありません」と言った。

「では、お断わりになられた？」

「いいえ。大昔からの檀家さんですから……。今どきの方は、人形供養など簡単に出来るものだと思い込んでいらっしゃるようです。いくら読経しても魂が抜けず、仕方なく当寺で保管しておくしかないお人形がどれほどあることかご存じないのですね」

そんな話を聞いたせいか、昭二さんは帰り際に、久しぶりに人形堂に立ち寄ってみたくなってしまった。怖い物見たさというやつで、問題の雛《ひな》人形の顔を拝みたくなったのだ。

黄昏が近いが、まだ西日が明るかった。人形堂の引き戸に嵌《はま》ったガラスが陽光を反射していた。ガラスに顔を近づけて中を覗き込むと、薄暗い堂内から無数の瞳が見つめ返した。

やはり薄気味悪い。内心たじろぎながら雛人形を探してみたが、何組もあってどれが魂が入ったままなのか見分けることは出来ず、彼は早々にあきらめた。


ひと月ほどして、彼は再び同じ寺へ行った。

その前に、ある檀家の家に立ち寄って、要らなくなった古い仏像を引き取り、注文を受けた新しい仏像をお見せした。

新品の方は、これから寺でお経を上げてもらう。

古い方はお性根抜きをした上でお焚き上げすることになる。

仏像はいずれも高さ百二十センチあまりで、ほぼ同じサイズだった。

だが、バンに積み込む際に、古い仏像はずしりと重く、新しい方の倍以上も目方があることに気がついた。

どちらも木製で、装飾も似たり寄ったりなのに……と、少し不思議だった。

本堂の祭壇の前に二体を並べて置くと、住職が読経した。

この後、昭二さんは古い方を寺の倉庫へ運ぶ手伝いをした。こちらの仏像は倉庫でしばらくお焚き上げを待つことになるのだ。

しかし、そのとき彼は、どういうわけか仏像の目方が減っているように感じた。

次いで新しい方を再びバンに運び入れたところ、今度は逆にこちらの方が明らかに重くなっていた。

驚いて住職に報告すると、住職は涼しい表情でこう応えた。

「仏像を交換するときは簡単にお性根抜きできるのです。仏像を取り替えるでもなしに捨てる場合は、何日も供養してお性根抜きをしないとお焚き上げできません」

つまり、古い仏像に入っていたものが新しい仏像に乗り移ったので、重さが入れ替わってしまったということになる。

新しい仏像を買った檀家さんは彼からこの話を聞くと、たいへん喜ばれたとのこと。

お性根については、昭二さんからもう一件お聴きしている。

ある若い住職は、古い位牌をお性根抜きをするときに、いったん抜いたものを自身の体に取り込み、しかる後に新しい位牌に移す。

しかし、たまに狐狸や下級霊といった悪霊が位牌に入っていることがあり、それを体に入れると体調を崩してしまう。

そういう悪い霊は新しい位牌に移すわけにはいかない。これを成仏させると、新しい位牌の先祖の霊も浮かばれるのだ——と、その住職は昭二さんに説明されたそうである。

供養されたおばあさん

これは昭二さんが取引先の寺で住職からお聴きした話だ。

かつて檀家だったおばあさんが愛知県名古屋市で亡くなった。

住職の寺は福井県にあり、件の故人も以前は寺の近くに住んでいた。

高齢になり、名古屋で家庭を築いていた長男に引き取られたのだ。それに伴って一家の墓も名古屋に移し、彼女は檀家を抜けた。

おばあさんの長男は信心をしない人だった。彼が買った墓は現代的な無宗教の墓所で、母が死ぬと、火葬した後に親族一同で食事会を開き、お骨はその日のうちに墓に納めた。

茶毘に付す際も僧侶を招かず、生前の母が住職を慕っていたのは知っていたが、福井の寺に訃報を届けもしなかった。

——ところが、一ヶ月あまり経って急に住職に連絡を入れることになった。

住職は、おばあさんが亡くなっていたことを初めて知った。

死んだのはひと月以上も前というから、遠からず四十九日を迎えるのだろうと思った。

だが、葬式を頼まれた僧侶がその後の法事も執り行うはずだから、自分の出る幕はない。

「どうされました？」と住職は故人の長男に訊ねた。

「うちの家内が、母の夢を見ました。おろおろとさまよい歩きながら『私はどこへ行ったらいいの』と言って泣いていたそうです。しかも同じ夢を弟のカミサンも見たと言って、カミサン同士でふだんから仲がいいもので……。二人がかりで怒られた次第です」

長男と次男の妻は口を揃えて、「あかんて！　供養してほしいって訴えてるから！」と彼に訴えたのだという。

「そんなわけで、母を供養してほしいんです」

「わかりました。うちと同じ宗派の名古屋のお寺を紹介します」と住職は応えた。

数日後、再び例の長男が電話を掛けてきた。

「ご住職、うまく行きました！　こちらのお寺で供養してもらったら、母が笑顔で家内たちの夢に出てきて『さようならー』と言いながら空に昇っていったそうですよ。これでもう成仏したってことですよね？」

「そうですね。お役に立てたようで幸いです。あなたも善いことをなさいました」

長男は嬉しそうに「ええ！」と相槌を打って「もう充分だと思ったんですけど、ついでに四十九日法要の予約も入れておきましたよ、念のため」と言った。

仏壇や位牌、棺桶にまつわる怪談

仏壇のルーツは法隆寺《ほうりゅうじ》の国宝・玉虫厨子《たまむしのずし》だと言われるが、厨子が作られた奈良時代にはごく一部の貴族などに限定された先進的な文化だった。

庶民に仏壇が知られるようになったのは寺請制度が完成した江戸時代中期以降のことだ。

位牌も、中国の儒教に起源があって鎌倉時代末期頃には日本に入ってきたが、一般家庭に故人の位牌を置く習慣が広まりだしたのは江戸時代中期で、完全にポピュラーになったのは幕末に近い文化文政《ぶんかぶんせい》年間だったとされている。

◇仏壇といえば……

個人的には、仏壇の怪談というと拙著『八王子怪談　逢魔ヶ刻編』に書いた八王子市の旧家に伝わる二体の幽霊の話が頭に浮かぶ。

代々宮大工をしてきた家で、家に残る一番古い位牌は天明四年に亡くなった数え六歳の女の子のもので、昔から仏壇に位牌を祀って大事にしてきたにもかかわらず、この幽霊がいまだに家人の前に出没するらしい。

現在の戸主の妻も、姿見に映るおかっぱ頭の少女を見たことがあると言っていた。市松人形のような姿形だったそうで、私は座敷童を連想した。

もう一体は、先々代の頃に非常に不幸に亡くなった親戚の女性の幽霊で、複雑な経緯のせいで福祉施設に収容され、遺骨になって家に帰ってきた。それきり何十年も弔われず、墓も位牌も無かったが、度々姿を現わして家人、ことに子どもたちを脅かした。

そこで菩提寺で供養してもらって位牌も作ったところ、化けて出てこなくなったという。

仏壇といえば四谷怪談も思い出す。

戯作者・四世鶴屋南北が書いた『東海道四谷怪談』では、お岩さまに対する悪略に加担した同心・秋山長兵衛《あきやまちょうべえ》が仏壇に吸い込まれる。

ホラー映画『リング』シリーズの〝貞子〟がテレビ画面から這い出てくるように、お岩さんが仏壇出てきて長兵衛を死に至らしめるのである。歌舞伎の舞台では「仏壇返し」と呼ばれ、見せ場の一つになっている。

講談の四谷怪談は歌舞伎版とはストーリーが異なる。ラストで、罪を悔いた伊右衛門が田宮家の仏壇に手を合わせると、血塗れの生首がゴロゴロ転がり出てくる。美貌の後妻・お花の頭だ。四谷怪談の講談版にも歌舞伎版とは違った陰惨な描写が数々ある。

◇ミサキの位牌

民俗学に関心がある方なら「七人ミサキ」はご存じだろう。四国・中国地方に多い七人の死霊にまつわる伝説で、人に遭遇すると一人成仏するが、遭った者の方は命を奪われて七人目のミサキになる。不幸が連鎖する仕組みだ。

そもそも日本では神の化身まで含めた霊的存在をまとめてミサキと呼んできた。漢字で書けば「御先」となる。神が顕現する先触れとして現れるものという意味合いだから、その在り方にはさまざまなバリエーションがある。

岡山県苫田《とまた》郡には五十年忌を過ぎた人の霊魂はミサキになるという言い伝えがあった。ミサキは家に不幸や不吉をもたらすので、五十年忌を迎えた家族の位牌は仏壇から下げて、ある集落では川に流し、またある集落では土蔵の二階に置くようにした。

五十年忌を越えた者の墓石を集積しておく「ヨセバカ」と呼ばれる場所もあった。

◇棺で生まれた和尚さん

落語でおなじみの「飴買い幽霊」は、棺中出産にまつわる一種の都市伝説で、日本各地に類型が見られる。

母体が死んだ後に赤ん坊が生まれ、母の幽霊が飴を買い求めて、赤ん坊に舐めさせる。異常な状況がしばらく続くが、事態が発覚した後は赤ん坊は寺に引き取られて、やがて僧侶になる。

これが典型的なパターンだが、根岸鎮衛作『耳嚢』九巻に収録されている「棺中出生の子の事」は、これの一部を踏襲《とうしゅう》した実話的な話で、今も実在する寺院や地名が記されている。

以下に意訳したあらすじを綴るので、興味がある方は原典をあたってみてほしい。


――今から約三百年前にあたる享保年間の半ば頃に、大奥の警備を担う小役人・御広敷《おひろしき》番の星野又四郎の妻が出産間近で亡くなった。

その際、妻の実兄が「火葬する必要はない」と意見を述べた。そこで又四郎が牛込原町にあった菩提寺の大枝和尚に相談したところ、和尚は何か思案しながら遺体をしげしげと観察して「奥方はお亡くなりだが、お子を産ませましょう」と言った。

そして蓋を閉じた棺に向かって「喝！」と叫ぶと、中から赤ん坊の産声が聞こえてきた。

それは夜の八時半すぎから深夜零時前の頃のことで、赤ん坊は男の子だった。

「この子は、六歳まで無事に育てば必ず私の弟子に致します」と和尚は又四郎に約束した。

和尚の寺は清久寺という禅寺だった。件の赤ん坊はすくすく育ち、六つのときに清久寺に入り、出家した後は大方と名乗っていた。

大方は世田谷の勝光院の住職になった。

七十三歳になった又四郎が、後輩の御広敷番頭・原田氏に一連の出来事を打ち明けたのは寛政九年のことだった。私こと根岸鎮衛がお会いしたときには原田氏はすでにお歳を召していて、棺で生まれた赤ん坊だった大方和尚も現在すでに七十六歳におなりだという。

——と、このような話だが、大方和尚の勝光院は東京都世田谷区に現存する。鎌倉末期に吉良氏が創建した曹洞宗の寺院で、吉良家の菩提寺として知られている。

おわかりだと思うが、ここには幽霊になった母親が赤ん坊のために飴を買う描写が出てこない。代わりに、おそらくは実在した曹洞宗のお坊さんの出生秘話になっている。

リアリティという意味では実話らしく思える。

しかし茨城県土浦市には「頭白上人《ずはくしょうにん》伝説」という戦国時代に起きた棺中出産の伝説が残っていて、こちらはちゃんと幽霊が飴を買う。

筑波山《つくばさん》の麓に一軒の飴屋があり、ある日の夕方、髪が乱れ、みすぼらしい格好をした女が飴を買いにきた。その際、女は一文銭を一枚だけ店主に差し出し、翌日も再び同じようにして飴を買っていくが、六日目になると「もうこれで最後です」と言う。

全部で六文しか持ち合わせがなかったのだ。

女がたいへん哀れなようすだったので、心優しい店主は非常に心配して、帰ってゆく女の後をつけた。ところが墓地で女の姿を見失ってしまい、どこかから赤ん坊の泣き声が聞こえてくる。店主は驚き、急いで村人を集めた。

みんなで赤ん坊を探したところ、数日前に賊に殺された女の墓で発見した。赤ん坊は女の亡骸のそばで飴を舐めており、近隣の寺に預けられることになった。これが後の天台宗の名僧・頭白上人である――と、こんな話。

飴の代金が合計六文だった理由は、三途の川の渡し賃が六文銭と決まっていて、副葬品として頭陀袋に入れて棺に納めたことに因む。

しかし一文銭は江戸時代にならないと登場しない。近世になってから、すでに存在した「飴買い幽霊」の話に頭白上人の伝説を組み合わせた民話の類だと思われる。

ただし、頭白上人は十五世紀に実在した高僧で、生まれつき白髪だったという。

上人は名高い僧になった後に母親を供養した。その五輪塔が今も土浦市にある。

僧侶だった父と

大赤見《おおあかみ》ノヴさんは怪談師として大活躍されており、吉田猛々さんとのコンビ「ナナフシギ」もたいへん人気が高い。

怪談イベントで共演した際などに仏教僧侶の家族ならではのエピソードをお話しされていたことを思い出して、今回インタビューを取らせていただいた。

彼は一九七九年に大阪府で生まれ、小学校五年生のときに神奈川県横浜市に引っ越した。

僧侶だったことがあるのは、彼の父だという。

父の数珠と読経

ノヴさんの父方の祖父は大阪で理髪師をしていたが、放蕩者で家庭に金を入れなかった。お蔭で家は貧しく、彼の父は高校進学をあきらめかけた。

だが、そのとき近所の寺の住職が学費を援助してくれた。ただし仏門に入ることが援助の条件だったので、父は仏教系の高校で学びながら住職のもとで修行、在学中に得度した。高卒後もその寺で僧侶をしていたが、二十代前半で還俗したという。

その前後に結婚して、ノヴさんが生まれた。

しかし彼の父はその後も信心深くありつづけた。宗派は日蓮宗。霊感があり、霊視する能力に長けていらっしゃるとのこと。

ノヴさんは小六のときにゲームセンターのUFOキャッチャーで「ゴマちゃん」のぬいぐるみを捕った。ゴマちゃんは『少年アシベ』というマンガのキャラクターで、その頃は子どもたちに人気があった。アザラシの子どもを模していて、たいへん愛くるしいのだ。九歳年下の妹もゴマちゃんが大好きだったので、ノヴさんが持ち帰ったぬいぐるみを見ると夢中で欲しがった。

実は、彼自身は思春期に差し掛かっていて、ぬいぐるみ遊びは幼稚だと感じていた。しかし戦利品ではあるし、幼い妹が本気で欲しがっているのを見ると、意地悪な気持ちが生じてきた。そこで押し入れの蒲団の隙間にゴマちゃんを隠して、妹に追求されると「どっかに行っちゃったんじゃない?」と、しらばっくれた。

その夜、彼は急に発熱した。

病院の救急外来で解熱剤を処方してもらったが、服用しても一向に効かなかった。

四十度の高熱に苦しんでいたところ、深夜になって父が仕事から帰ってきた。

そしてノヴさんをひと目見ると、数珠を持って読経しながら部屋の中を歩きまわり、最後に押し入れを開けて例のぬいぐるみを取り出した。

「苦しくて助けを求めてたんだ。こんな毛だらけのものを蒲団に挟んだら暑くなるにきまってるだろ？」

父が助け出したゴマちゃんの目が異様に吊りあがっていたので怖かったという。

途端に熱が下がったのも不思議なことだったとか……。


これも子どもの頃の出来事だそうだが、ある晩、ノヴさんがふと目を覚ますと、足もとを右の方から左の方へ奇妙なものが通過していった。

塗り絵のように縁取りがある、半透明の女だった。

縁取りのラインは黄色で、大人の女性を写真で撮った上から線を描き足したかのように平面的でペラペラした感じがした。

それが床から三十センチぐらい宙に浮いたまま移動して、一方の壁の中に消えていった。

寝ぼけたのかもしれないと思って、目を閉じたが眠れない。

そこでまた目を開くと、枕の横から足もとの壁めがけて、さっきの女が通っていった。

今度は憤怒の形相だった。

まんじりともせず朝を迎えて、このことを父に話したら、父はすまなさそうに、

「こっちで読経して追い払ったから、ノヴの部屋に行ったんだな」と言った。

その女は二度と姿を現わさなかったので、父が何か対策を打ってくれたのだろうと彼は思った。

黒い影――曾祖母の数珠――

ノヴさんが中三のときにこんな出来事があった。

通っていた中学校で卒業アルバムに入れる集合写真を撮影したのだが、間もなく学校から「撮り直すことになった」という連絡を受けた。

そこでノヴさんが父に「卒アルの写真を撮り直すんだって」と話したところ、父がどこかから数珠を持ってきた。

「これをやろうと思ったんだ。持っていなさい」

ノヴさんはよく見もしないで「ありがとう」と答えると、受け取った数珠を服のポケットに無造作に押し込んだ。

途端に、カイロのように数珠が温かくなった。

「凄いな、この数珠！」と彼が驚くと父は「そうだな」とだけ応えて、続けて「これから大赤見の家系についてだんだん気になってくると思うけど、調べるなよ」と言った。

――どんな秘密があるんだろう？

そのときノヴさんが咄嗟に想い起したのは、三年ほど前、小六のときに父が愛知県の大赤見城跡に連れていってくれた前後の出来事だった。

父が数年来、大赤見家のルーツについて調べていたのは知っていた。だからその年の夏休みに「先祖が建てたのかもしれない城を見にいこう」と誘われたときは、それほど意外は思わなかったものだ。

問題の城跡は民家の敷地内にあり、自由に調べられるものではなかったのだが、祖先が城の殿さまだった可能性があるとわかっただけでも面白く、良い旅だった。

しかし、旅行から帰ってきた直後に父が血を吐いた。病院に担ぎ込まれ、重度の胃潰瘍で胃に穴があいていると診断された。

さらに父は、少し快復してきたと思ったら、今度は左手の親指に大怪我を負った。体調が戻ってきたので椎茸の収穫を手伝いに行ったところ、椎茸を養殖している丸太が急に転がってきたのだという。折悪しくコンクリート製の壁ぎわに屈んでいたから、壁と丸太に挟まれて圧死してもおかしくない状況だった。父の親指は千切れかけていた。

その怪我と前後して、大阪の祖父も交通事故に遭った。

かつて父がいた日蓮宗の寺を歩いて訪ねていく途中、車に撥《は》ねられたのだ。運転手は祖父の姿が見えなかったと弁解した。明るい朝で、見通しのいい交差点であったのに。

祖父は両腕と両脚を骨折して意識不明の重体に陥り、一時は命も危ぶまれた。

「あの頃はいろいろあって大変だったな。憶えてるだろう？」と父はノヴさんに訊ねた。

「うん。もしかして、だから大赤見について調べちゃいけないって言うの？」

父は「そうだ」と、うなずいた。

「誰に押されたわけでもないのに凄い勢いで転がってきた椎茸の丸太がな、黒い影で覆われていたんだ」

「黒い影で……」

「そうだよ。真っ黒な瘴気《しょうき》のようなものが丸太を包んでいた。あれを見て、何かが殺しに来たのを直感したんだ。同じ頃に親父が交通事故に遭ったのも偶然ではないよ。だから大赤見家については調べるな。……さっきの数珠は、大阪のひいばあちゃんの形見なんだ」

「床屋のじいちゃんのお母さん？　つまり、お父さんのおばあちゃんの？」

驚いてポケットから取り出し、あらためて見てみると、その辺のスーパーやコンビニで売られているような簡易な品物ではなく、時代のついた立派な数珠であった。

「生前大切にしていた数珠だったそうだ。ひいばあちゃんは強い霊感があったから、きっとノヴを守護してくれるだろう。いつも身に着けておきなさい」

それから五、六年して、ノヴさんが中学校の同級生たちと再会すると、ノヴさんは例の卒業アルバムのことを思い出した。

そこで「僕たちの卒アルって、どうして撮り直しになったんだろう?」と訊ねたところ、同級生は目を丸くして「知らなかったの?」と彼に訊き返した。

「先生から聞いてない? ノヴの顔の周りに黒い影がブワーッと広がっていたんだって」

初耳だった。担任教師はあえて彼に教えることなく、彼の方でも再撮影の理由を誰にも訊かなかったので今まで知らなかったのだ。


――また五年あまりが経過した。ノヴさんは二十五歳。当時は駆け出しのお笑い芸人で、実家を離れて東京で暮らしていたが、収入源の多くをアルバイトに頼っていた。

真冬のある日、バイト代を貰って引っ越しの手伝いをした。

後輩芸人の父親が経営する会社が、業者を頼まずに内輪で引っ越し作業をすることになったのだ。ノヴさんは車の運転と荷物の運搬を引き受けた。

運び出した荷物をレンタカーのバンに積み込んで、後輩と二人で会社の転居先に向かっていると、折悪しく雪が降りはじめた。

雪なんて東京では滅多に降らないのに運が悪い……と、恨めしく思いながら慎重に運転を続け、無事に目的地に辿り着いた。十階建てぐらいの雑居ビルだ。

出入り口のそばにバンを停めると、後輩が「親父たちを呼んでくる」と言った。

「じゃあ、荷物を下ろしはじめるよ」

後輩は切れるような寒気に首を縮めながらビルの出入り口へ駆けていった。

ノヴさんはバンの後ろに回って、荷物を出すためにトランクを開けた。

そのとき巨大な塊が垂直に落ちてきた。風圧に押されて彼は後ろによろめいた。

バンがメキョメキョと潰れながら、直径一メートルほどの氷の玉を受けとめた。

咄嗟にかたわらのビルの屋上を振り仰ぐと、黒い影が彼を見下ろしていた。はっきりとした悪意を感じたが人影ではなかった。不定形で半透明。これが瘴気というものなのか。

——実は父の言いつけを破って、大赤見家について調べはじめた矢先だった。

曾祖母の数珠のことも、この十年ばかりの間に、すっかり忘れていた。

彼はガタガタと震えだした。黒い影は雪空に溶けるように消えていった。

黒い影――「いっしょにしんで」――

ノヴさんが同じ事務所の後輩と一緒にアパートの部屋で寝ていると、深夜、夢うつつに年老いた女がブツブツとつぶやく声を聞いた。初めは夢を見ているのだと思っていたが、次第にはっきり聞こえてきた。

声の主が近づいてきているのだ。蒲団の足もとの方からにじり寄ってきて、とうとう枕もとに正座した……ような気がした直後……。

「一緒に死んで」

ワッと叫んで飛び起きると、着物を着た白髪の老婆がスーッと闇に溶けるように消えていくところだった。

「先輩どうしたんですか」

目を覚ました後輩が訊かれて、答えようとしたそのとき、彼の携帯電話に着信が入った。父の番号が表示されている。「お父さん？　こんな時間にどうしたの？」

「ノヴ。たった今、大阪のじいちゃんが病院で息を引き取った」

かねて入院していた祖父が死んだという知らせだった。祖父は独り身で、若い頃からの不摂生が祟って肝臓を傷めていた。かなり悪いと聞いていたので、予測できた死であった。

祖父は日蓮宗の信者だった。父が修行し、後には僧侶として勤めていた寺に、晩年まで通っていたようだ。

葬儀の後で、父に誘われて祖父が借りていた物件を訪ねた。祖父が別々の建物に一室ずつ、計二部屋も間借りしていたことをこのとき知った。父の妹である叔母も同行した。三人で、まずは祖父が日常を過ごしていたアパートへ行った。もう一つの部屋は物置として使っていたようだった。

入院前まで住んでいた部屋はひどく散らかっていた。三人で物を仕分けしていたら、父が驚いたような声を発した。「何？」と訊ねながらそちらへ行くと、セピア色に褪色した白黒の肖像写真を見せられた。

「若い頃のばあちゃんだ。おまえにとっては、ひいばあちゃんだよ」

そこには二十歳ぐらいの女性が写っていた。なんとなく目鼻立ちに見覚えがあったので、よくよく観察してみたところ……。

「お父さん！　僕この人を見たよ！　ずっと歳を取っていたけど、間違いない！」

枕もとに現れて「一緒に死んで」と話しかけてきた白髪の老婆。

考えてみれば、あれが現れたときに祖父が亡くなったのだ。

ノヴさんは、引っ越しの手伝いをしたときに危うく氷の塊に押し潰されるところだったことや、そのとき目撃した黒い影、そして父に禁じられていた大赤見家の調査について、その場ですっかり打ち明けた。

「でっかい氷が落ちてきた日の夜遅くに、老人になったこの人が僕の枕もとに出てきて『一緒に死んで』と言ったんだ。お父さんが電話してきたのはその直後だよ」

「……ノヴ、『いっしょにしんで』は恐らく『一緒にしないで』という意味だぞ」

聞けば、曾祖母は愛知県に長く暮らしていたとのことで、生前から「しないで」を「しんで」と言っていたという。

「たぶん方言だと思う。ひいばあちゃんは石川県にある大赤見の本家の出身なんだが、故郷の石川県よりも、むしろ愛知県の方に愛着があったそうだよ」

次に三人で訪ねたのは、最近では見かけなくなった木造二階建ての集合住宅で、他の住民はとっくに退居しており、賃借人は祖父一人だったという。

祖父の表札が付いた部屋の前に来たとき、叔母が「何か居る」と言って後退《あとずさ》りした。父も何らかの気配を察知したと見えて、ノヴさんを振り返った。

「少し離れていろ。三人の中でノヴがいちばん弱い」

「何言ってるの？　せっかく来たのに。荷物を片づけなくちゃ。鍵は開いてるんでしょ？」

そう言うが否や、彼は素早くドアを開けた。

すると中から黒い蝙蝠《こうもり》の大群に似たものがブワッと湧き出すように現れて、一斉に襲い掛かってきた。飛び退って逃れると同時に、それが蝙蝠ではなく、一つ一つが黒い影の塊だったことに気がついた。

「たくさん溜まっていたんだな」と父が言った。

この後、母から、父が横浜の自宅に帰らずに、一人で車を運転して出掛けたことを知らされた。石川県まで大赤見一族の本家を訪ねていったのだという。

翌々日、疲れ切ったようすの父が骨壺を持って帰宅した。

父は本家に行くと、今は還俗しているが自分は僧侶なのだと名乗り、墓のカロートから曾祖母のお骨を納めた骨壺を取り出させて、譲り受けてきたのであった。

父によれば、曾祖母には次のような事情があったのだという。

——かつて本家では「大赤見の男は早死にする」と信じられていて、そのため大赤見家に生まれた娘たちは婿を取らねばならないと言われていた。

曾祖母は婿養子との縁組を嫌って本家を飛び出し、愛知県に辿り着くと、そこで宮大工の息子と将来を約束し合う仲になったが、宮大工の家族の反対にあって破談した。

ところが、このとき彼女はすでに妊娠しており、仕方なく石川県の実家に戻って出産することになった。

「本家では、ててなし子を生んだだの、家名を汚しただのと散々なじられて、虐められたらしいよ。ひいばあちゃんは、そのせいで、本家の墓に入りたくないと口癖のように言っていたんだって。それなのに本家の墓に入れられたから『一緒にしないで』と……」

彼女の息子が、大阪で亡くなった祖父である。

祖父の遺品や本家の親戚の証言から、祖父も大赤見家と曾祖母について調べていたことが判明した。祖父が早々に骨壺を本家から譲り受けていれば、どうだったのだろう。

少なくともノヴさんが曾祖母の幽霊を見ることはなかったはずだ。

曾祖母のお骨も、父が以前勤めていた日蓮宗の寺で永代供養することになったという。


――ノヴさんによれば、本家の男性は未だに早逝《そうせい》する傾向が顕著だそうだ。

しかし祖父も八十近くまで生きたし、父も頑健で長生きしそうである。

「曾祖母が愛知県で宮大工の息子と結ばれたお蔭かもしれません」

ノヴさんは私に「宮大工の家系は神仏の守りが強いのでは？」とも述べていらした。

そうかもしれないが、私には、大赤見城の跡が愛知県にあることの方が気に掛かる。

本家は石川県にあるのに、祖先の城は愛知県にあった。

そして家出した彼の曾祖母が行った先も愛知県。偶然とは思えないのだが？

それに危険な黒い影は、本当に彼の曾祖母の怨みのせいだったのか。

「一緒にしないで」と訴えていた彼女を本家の墓から救い出したことで、黒い影も二度と現れなくなったのだろうか？

この謎の続きは、いつかノヴさんが面白い怪談に仕立ててくれるに違いない。今は待つしかなさそうだ。

談義僧の怪談

江戸時代には「談義僧《だんぎそう》」と呼ばれるお坊さんたちが活躍していたらしい。その時々の話題や、市井の人々の日頃の関心事を語りながら、さりげなく法話っぽいことを織り込む語りを披露して、話術の専門家として肩書を得ていたという。

根岸鎮衛の『耳嚢』には、この談義僧または談義僧らしき僧侶がときどき登場する。是雲という僧侶は、はっきり談義僧とは書かれていないが、私の故郷・八王子で西行《さいぎょう》法師《ほうし》が詠《よ》んだ歌などを根岸鎮衛に報告している。

現役の南町奉行でありながら、町民の噂話を蒐集していた根岸さんにとって、談義僧の存在はありがたかったに違いない。以下は『耳嚢』にあった談義僧の怪談である。

◇先妻成仏――原題「幽魂貞心孝道の事」

四谷の長泉寺横町にある「ますや」という藍染め職人の店（紺屋）の主は、女房子どもに先立たれ、たった一人生き残った幼子は口がきけなかった。

男手ひとつで育てる自信がなく、店の経営も苦しかった。また、すでに老人といってもいい歳でもあったから、主は、紺屋の株式と家財一式を付けて、この子を養子に出した。

養父母は、たいへん堅実で心の正しい人たちであった。手の掛かる聾唖《ろうあ》の幼児を実の我が子のように大切にし、すぐに隣近所に馴染んで、紺屋としての評判も申し分なかった。

隠居した元の主は彼らのようすを見聞きして安心した。

しかし高齢だったがゆえ、間もなく亡くなってしまった。

その頃まで養子と紺屋を貰った夫婦は幸せに暮らしていた。

ところが子の実父が死んで間もなく、妻の方が急な病であの世へ旅立ってしまった。

取り残された夫は知人の勧めに従って後ぞえを迎えた。子どもためにもそうするしかないと考えた末だったが、幸いなことに後妻も善良で優しい人だった。

しばらくは順調だった。だが、ある夜、夫が出掛けて留守にしていた折に、この後妻が先妻らしき女の幽霊を視た。

物音に驚いて目が覚めると、枕もとに立てた屏風の影に、此の世の者とは思えない女の幽霊がうっそりと佇んでいたというのだ。

しかも翌日の深夜にも、同じように現れた。

ワッと叫んで蒲団を頭から被ったところ、前夜と違って隣に寝ていた夫が起きて、

「どうしたんだ、大声を出して？」と彼女に言った。

「今の今までそこに幽霊が……。昨夜も出てきたんです！　前の奥さまの亡霊に違いありません。あなたのことが心残りで私の前に姿を現わしたのでしょう。怖くてここには居られませんから、どうか里に帰らせてください！」

「何を言う。先妻は良く出来た人間で、化けて出るわけがない。おまえの気のせいだよ」

「でも二夜連続で目の当たりにしたんですよ？　絶対本当に出たんですってば！」

それでは専門家の意見を仰ごうじゃないかということになり、夫婦は口寄せをするイタコ（市女）を家に呼んだ。そのイタコが言うことには……。

「二晩にわたって現れたモノの正体は狐や狸の類ではなく、間違いなく先妻さんの幽霊ですよ。でも、今の奥さんに対する嫉妬や、旦那さんへの執着などからお出でになったわけではありません。わけあって奥さんに頼みたいことがあっていらっしゃったのに、怖がってビックリなさるばかりだったから、お話が出来なかっただけです」

そういうことなら今度は怖がらずに話を聞こうと思って夫婦で待ち構えていたところ、深夜、さっそく先妻の幽霊が枕もとに現れた。

「うちの子の実のお父さんは、親戚でもない赤の他人だった私たち夫婦を深く信用して、家財道具とお子さんを譲ってくださったんですよ。生前の私は夫と力を合わせて真剣に働き、子どもを労わってきましたが……命が尽きてしまい、もう此の世の者ではありません。後ぞえさんも善良な方なのは承知していますが、この家の始まりについてはご存じないでしょう。詳しくお話しておけば、子育てに励み、この家を大切にしてくださるのではないかと思いました。他には何も望みません。くれぐれも夫と子どものことをお頼み申します」

今回は後妻も怖がらずにしっかりと話を聞き、先妻の真心に打たれて涙を流した。

夫も、嘘偽りのない先妻の気持ちに感じ入ったが、

「とはいえ幽霊になって出てきたからには、心の迷いもあるには違いないよ」と言って、施餓鬼などをして後妻と共に供養に努めた。

そうしたところ、ある晩、彼の夢に先妻が出て「お二人の志に感謝しております。成仏いたしましたよ」と告げたという。

――ある人が「これは談義僧の小咄《こばなし》なのですが、ごく最近実際に起きた出来事だそうですし、作り話ではないはずです」と言っていた――と根岸鎮衛は記している。

荒木町のバー

新宿区荒木町《あらきちょう》に「坊主バー」という店があることは数年前から知っていたが、外で飲み歩く習慣がないので訪ねたことはなかった。初めて行ってみたいと思ったのは、四谷怪談について耳寄りな情報を持っている方と荒木町でお会いした後だ。

「この辺は花街だったんですよ」と、その方は言って、芸者さんたちが闊歩している往年の写真を見せてくださった。そこで写真のコピーを取らせてもらって、それを見ながら荒木町界隈を歩いていたら、坊主バーの看板が目に留まった。

江戸の都市計画では花街は寺町と墓地のそばに設けられた。所によってはそれらと刑場も隣り合わせに造られていた。手垢のついたエロスとタナトスの喩《たと》え話は避けたいが、ここに僧侶が般若湯《はんにゃとう》※を供する店が存在することに、妙に納得がいったのであった。

その後しばらくして本書の企画が動きだしたので、浄土真宗本願寺派の僧侶・善念《ぜんねん》さんこと店長の藤岡善信《ふじおかよしのぶ》さんにアポイントメントを取って、店内を見物しつつ、お話を傾聴させていただいた。

※不飲酒の戒律がある仏門において、酒を表す隠語。

お浄め前夜

藤岡さんが初めて来た頃の荒木町は寂れていた。繁華街としての界隈の最盛期はフジテレビと共にあったと言えた。一九六〇年頃から同社がお台場に移転する九十年代後半までのにぎわいっぷりが良かっただけに、その後は火が消えたようになった。

最近の荒木町には坊主バー以外にも個性的な店が増えてきて、新しい客層が開拓されつつあるが、二十二年前のその当時は、新規に開店するのに適した状況ではなかったようだ。

しかし、坊主バーが入っているビルは、荒木町の中では比較的、目に立ちやすい辻に建っている。付近の繁華街の入り口に近く、四谷三丁目駅からは徒歩三、四分。

立地条件は悪くないのだ。なのに、坊主バーが出来る前にここにあった店も、そのまた前にあった店も半年で潰れてしまったのだという。

さらに、その後、大阪の坊主バーの支店として二〇〇〇年の八月に開店したこの店も、開店から半年経っても経営が軌道に乗る気配がなかった。

そして藤岡さんに声が掛かったという次第だ。

二〇〇一年三月、彼が築地本願寺の仏教学院を卒業した直後のことだった。

――ここで藤岡さんの出自をご紹介しておきたい。

彼の実家は岡山の日本料理店で、両親は浄土真宗本願寺派の熱心な信者だった。

後に真宗の僧侶になる芽はあったと言えなくはないが、子どもの頃は宗教に関心がなく、高校生の頃からボクサーとして頭角を現し、駒澤《こまざわ》大学にはボクシングで推薦入学した。

ところが早々に練習中に網膜剥離《もうまくはくり》の怪我を負った。治療の甲斐なく目に後遺症が残り、ボクシングを断念。ちょうどキリスト教に傾倒していた時期でもあり、進路の転向を余儀なくされた彼は、キリスト教的な博愛精神に基づく慈善事業に関心を持った。

そこで、マザー・テレサを訪ねてインドへ。二十一歳だった。

しかし実際の現場を目の当たりにすると、自分は慈善事業に関われるような人格者なのだろうか、と、心に迷いが生じた。

そんな状況を知ってか知らずか父は「親鸞を学んでみなさい」と彼に助言し、また、それと前後して、ボクシングジムに行く通り道にあった寺の掲示板を想い起した。

そこは真宗の寺で、山門の掲示板には、いつも親鸞の言葉があった。あらためて出典を求めて『歎異抄《たんにしょう》』を読んでみた彼は、人間の罪業性を認めて己を罪業深重《ざいごうじんじゅう》の凡夫《ぼんぷ》であるとした親鸞の教えに深く感銘を受けた。慈善を考えながら煩悩《ぼんのう》が取れず、愛も自信も無く、心の奥には絶えず毒が渦巻く——自分の真実を見抜かれたように思い、迷いが解けた。

実家が浄土真宗を信心していたことも、ここへ至る道に繋がっていたのだと感じられた。

駒大の仏教学部を卒業した後、築地本願寺の仏教学院に入学。そこで出逢った同級生たちが坊主バー東京店をやりはじめた。

そもそも坊主バーは一九九二年に浄土真宗大谷派の盲目の僧侶・田口弘願が大阪で始めた。全国行脚していた彼は、鉄道旅行中の小咄をまじえた法話〝乗り鉄説法〟の名手で、信者以外にもファンが多かった。

今年（二〇二四年）で田口氏は八回忌を迎えるが、生前は会長として東京店にもよく足を運んでいた。東京店は、大阪在住の氏に代わって店を切り盛りする経営者を求めていた。

――さて、藤岡さんは同級生に声を掛けられて、荒木町の坊主バーの経営を引き継ぐことになった。

最初は軽い気持ちだった。実家が日本料理屋を経営していて、学生時代にバーでアルバイトした経験もあった。やれば出来そう。面白そうだし。そんな気分で引き受けた。

しかし蓋を開けてみれば、店内はゴミ屋敷化しており、椅子が一脚もなかったのである。ショックを受けながらゴミを片づけてみたが、昔のスナック風としか言いようのないうらぶれた雰囲気の棚やカウンターと、ドス黒く塗られた壁が見えてきただけであった。

客は一人も来ない。一日、二日……と経つうちに仲間の足も遠のいた。

近所の店のママさんが一人、たまにようすを見に来てくれる程度だった。

わずかな貯金をたちまち使い果たし、親に借金したが、どこまでも甘えられるものでもなく、学生時代から住んでいたアパートを解約した。今後は店に寝泊まりするしかない。

非常に追い詰められた精神状態に陥り、独り、誰もいない店で頭を抱えていた。

悩んでいるうち日が暮れて、やがて夜も更けてきたが、苦悩が深すぎて眠れない。

そこへ、ノックの音が。

硬い物を指の関節で軽く叩くコンコンという音が、たしかに聞こえた。

「いらっしゃいませ」とドアに駆け寄ろうとしたら、再びコンコンと柱の中から音がした。

壁に塗りこめられた柱である。壁の向こうは建物の外。

「えっ」と思わず声を発して音がした方に向き直ると、またしてもコツンコツン……と。

時計を見ると午前三時だった。

そのときはバックヤードに逃げ込んで朝を待った。

翌日も同じように悶々としながら独りで過ごすうちに、零時を回った。

するとそこへ、例の近所のママさんがやって来た。

最初は「どう?」「暇で困ってます」などと会話しはじめたのだが。

「ねえ、藤岡くん。そこの壁の出っ張ったところ……柱かな? そこにね……女の人がいるんだけど。私そういうの視《み》える体質なんだよね」

そう言ってママさんが指差した先にあるのは、まさしく昨夜ノックの音がした柱だった。

「実は、その柱からコンコンって音が聞こえてきたんですよ」

「昔は花街だったから、女の念が残っているんじゃない？　ラップ音でしょう」

ママさんがそう言った途端に、天井の中央付近から焼き栗が爆ぜるかのような音が聞こえてきた。パチンパチンパチンパチンと立て続けに鳴りだし、どんどん音が激しくなる。

最後に、天井から数センチ下の何もない空間から火花が散って、鳴りやんだ。


火花が出るほどではなかったが、それからも毎晩ラップ音が何度も鳴った。

また、電化製品がよく故障した。一度など、営業時間中に店内の電気がすべて消えた。停電だと思ったが、周囲の店には明かりが点いており、ブレーカーも落ちていなかった。

この頃、父親が住職をしているという若い女性が、よく呑みに来てくれるようになった。

他にも、たまに足を運んでくれる人がポツポツ現れはじめた。

その程度では焼け石に水というもので困窮の度合いは深刻になるばかりだったが、藤岡さんは開き直って、ギリギリまでやってやろうと思うようになってきた。

そんなある日、いつもの女性客が御札《おふだ》を持ってきて藤岡さんに手渡した。

「うちの父が書いた御札なんですけど、凄い効き目があるからこのお店に貼ってください」

彼は、ラップ音が聞こえてきた場所の斜め向かい側の辺りに御札を貼った。

そのときは八月初旬で、浄土真宗ではやらないが、世間ではお盆の準備を始める頃だった。

お盆になると、地獄の釜の蓋が開き、先祖の霊だけではなく魑魅魍魎《ちみもうりょう》も現れるという。

彼は真宗の僧ではあるが、それを迷信だと切り捨てる気にはなれなかった。

それから間もなく、店に客として来た僧侶が店内を見回して「仏教らしさを出した方がいいよ」と助言してくれた。

坊主バーと名乗るからには、もっともな意見だった。仏具を置けば客と会話するときの話の種にもなり、仏教に興味を持ってもらえるかもしれず、布教の一助ともなるだろう。

しかし元手がない。

そこで彼は純粋にお願いしてみることにしたのであった——お釈迦さまに。

「何か私に与えてくださいませんか」

こう祈ったのは朝のことで、その日、彼は所用で巣鴨の方へ出掛けた。

巣鴨には有名な商店街がある。人々が行き交う商店街の通りを歩いていたら、地面に置かれた剥《む》き出しの仏壇が目に飛び込んできた。

いや「落ちていた」と言った方が正確かもしれない。下に何も敷かず、そのままポンと置いてあったのだから。

そこは仏具店の前だった。彼は店員に訊ねた。

「この仏壇をいただいても構わないでしょうか」

「はい、喜んで！　捨てるつもりだったので持っていってくれると助かります」

こうして彼は仏壇を与えられた。お釈迦さまに願いが通じたのだ。

仏壇を店の一角に据えたところ、客から忠告された。

「この店は、ちょっとヤバいね。どんどんお線香を焚きなさい」

そこで、その言葉に素直に従い、まずは朝起きぬけに仏壇に向かって線香を上げながら読経して、開店前にも一回、営業中に二回、閉店時にも一回……と、毎日、焼香と読経を繰り返したところ、急に客入りが良くなってきた。

数日後、彼に焼香を勧めた客も来店して「空気が変わったね。もう大丈夫だ」と言った。

その晩、不思議な夢を見た。

カウンターで老人が静かに酒を飲んでいる。グラスを傾けている間は何も喋らず、しばらくすると「じゃあ、帰る」と彼に告げた。「はい」と答えて会計し、釣銭を渡すときに顔を見たら、何年か前に亡くなった祖父だと気づいた。

「あ、おじいちゃん」

「また来るよ」

引き留めようとしたときには、ドアの外に出ていってしまっていた。

その瞬間に目が覚めたが、夢か現実かわからなくなり、思わずドアに駆け寄って祖父を呼びながら裸足で表に飛び出した。

まだ夜は明けていなかった。

そのとき、今日が盆の入り日であることに思い至った。


藤岡さんをインタビューしていて私がもっとも気になったのは、浄土真宗の教えと彼の実体験に整合性がないように思われる点だった。

巧くごまかして書く方法もあるだろうが、彼は非常に正直に打ち明けてくれたので、そんなことをするのは厭だった。

そこで私は彼にストレートに「真宗ではお盆をやりませんし、幽霊もいませんよね」と訊ねてみた。不躾《ぶしつけ》なのは百も承知だったし、哲学的な難しい回答が返ってくるのだろうと覚悟していたのだが。

「ええ、でも、やっぱりその時から、お盆って亡くなった人が帰ってくるんだなって」

と、少し照れながら彼は答えてくれたのだった。

「浄土真宗ではそういうことは言わないけど、なんか体感として霊の存在を感じるときがあるんですよね。うん。変なもんがいっぱい出ましたよ。そこの階段を大きな足音を立てて上り下りしたり、窓から覗き込んだり」

「……ここビルの二階ですよね」

「妖怪みたいなものかもしれません。でも、供養を続けて空気が清浄になって、お客さんたち全員と毎日お経を読んでいるので、それが強力な力になっているような気がします。今でもたまに不思議なことは起こりますが」

未だに怪異が相次ぐようでは話が矛盾すると不安になったが、聞けば、最近起きるのは不思議ではあっても悪意を感じる現象ではなさそうだった。

お釈迦さまに祈って拾った仏壇と同じように、店内にある仏具類はどれもお金を出して買ったものではないとのこと。

たとえば去年から店の出入り口のそばに飾られている聖観音像もそうだ。

小さな仏壇に納められているのだが、元は大日如来像が入っていた。大日如来を人に譲ってしまい、空になったので「何か入れたいね」と店員たちと話していたところ、間もなく店に来た客が「木箱に入った観音さまがゴミ捨て場に捨てられていた」と言ってこれを持ってきた。果たして、空になった仏壇にぴったりの大きさであったという。

親鸞聖人の怪談

浄土真宗の祖である親鸞聖人が生きた鎌倉時代前期から中期にかけては飢饉や災害が繰り返され、終末論的な雰囲気が広まっていたという。

親鸞聖人にまつわる伝承は各地にあり、奇跡を起こした逸話、ことに植物に関する伝説が多いが、中には実話怪談のようなものがある。人心が荒廃しがちだった時代背景と、そこに親鸞の思想がもたらした救済を想いながら読んでみた。

◇毒蛇になった女

あるとき親鸞は川岸で若い女の亡霊に遭った。「お救い願います」と訴えて姿が掻き消えたので、何か事情があるのだろうと思い、滞在していた家の主人・小俣重澄《おまたしげずみ》に訊ねると、

「それは、お葦《よし》さんの霊ですよ」と応えて、こんな経緯を話した。

お葦は近くの寺の僧に恋焦がれ、ついには想いを打ち明けたが、すげなく拒否された。

彼女は絶望し、川に身を投げて死んでしまった。

すると、ほどなくして件の僧侶が、お葦が身投げした辺りで毒蛇に喰い殺された。

「お葦さんが毒蛇に化身《けしん》して、自分を袖《そで》にしたお坊さんをあの世に連れていったんですよ」

親鸞はこれを聞いてお葦と僧侶を気の毒に思い、彼女の霊が現れた川原から小石を拾って南無阿弥陀仏と書くと池に投じた。

その直後、池の水面から親鸞が投げた石に続いて観音菩薩と勢至菩薩が出現し、西南の方角へ空高く飛び去っていったという。

――この伝説には別のバージョンがあり、そちらはお葦ではなくお吉《よし》という女が毒蛇に化身して「吉が窪《くぼ》」という古池に棲みつき、近隣住民に恐れられている。そこで親鸞が阿弥陀経を読みながら南無阿弥陀仏と書いた石を池に投げたところ、件の毒蛇は成仏した。

どちらの話も現在の山梨県大月《おおつき》市に伝わっており、後者は当時の笹子《ささご》村、現在の笹子町で起きた出来事だそうだ。尚、笹子町の「吉が窪」ならぬ吉久保《よしくぼ》地区には、かつて「葦が池」という沼があった。

現在は干上がっているが、跡地に石碑があり説明板が立てられている。それによれば、この物語は笹子町に伝わる伝統芸能「笹子追分人形」の戯作『吉窪美人鏡・親鸞聖人御法《のりの》海《うみ》《毒蛇斉度《どくじゃさいど》の段》』として、今も同地の人々に愛されている。

◇絵から抜け出した親鸞

天明七、八年の頃に、摂津国《せっつのくに》というから今の大阪や兵庫の辺りで起きたことだ。当地の乗願寺《じょうがんじ》という浄土真宗の寺院に、流罪の折に親鸞聖人がみずから描いた自画像が所蔵されていた。

その貴重な絵の鏤版《ろうばん》（版木に刻むこと）制作を勘四郎《かんしろう》という男が請け負った。勘四郎は乗願寺から件の絵を借りてくると、自宅の持仏堂《じぶつどう》で保管した。だが、彼は内心では仏教の教えなど少しも信じていなかった。

ところが、後に彼はこの絵のせいで出家した。何が起きたかといえば、あるとき、絵の表装などはそのままに、紙の中から親鸞聖人の姿だけが抜け出してしまっていたのである。

おまけに家じゅうがガタガタ振動して、天井から砂利が降ってきた。

さらには、信心深い知り合いの藤五郎《とうごろう》が家に来た途端に、こうした怪しい現象がピタリと止んだので、考えをあらためて仏門に入ることにしたそうだ。

——天明年間は、天明の大飢饉、浅間山《あさまやま》大噴火など江戸時代で最悪の災害が立てつづけに起きた時期だ。勘四郎は関西人だから、天明八年の京都大火を身近に感じていたことだろう。皇居の要所を含む京都の八割あまりが焼け野原になった事件だ。

親鸞の時代から数百年が経っていたが、時節柄、その教えに救いを見い出す人々が多かったのかもしれない。

◇お手植え菩提樹の祟り

源平合戦《げんぺいかっせん》の後、敗走した平家方の姫君と七人の家臣が自害して亡くなった。これを親鸞聖人が哀れんで、姫君たちが死んだ場所に菩提樹を植えた。この菩提樹の枝を折ると祟りがある。これの枝から蜂の巣を取り除いた者の妹は、ひきつけを起こした。そのときは行者に祓わせて治したという。

――茨城県常陸太田市町田町《ひたちおおたしまちだちょう》に親鸞聖人お手植えの菩提樹の古木がある。ここで自害した平氏ゆかりの姫君たちの菩提を弔うために植えたそうだから、間違いなくこの木のことだ。

親鸞聖人の植物奇譚は数多く、親鸞が地面に挿した杖などが樹になって人を助けたといった、ありがたい感じの奇跡譚が大半である。これは例外中の例外だ。

山寺の尼僧奇談

すってんころりん

現在六十代半ばのNさんは、かつて尼僧《にそう》だった時期に奇妙な出来事を体験したという。

彼女の父方の家は、大阪と奈良の県境の辺りの山奥で三百年あまりも前から寺をやっていた。創建時は違う宗派だったが、いつからか浄土真宗大谷派になり、周辺の村人を檀家にして代々寺を受け継いできた。

彼女が幼い頃は祖父が、その次は父の兄である伯父が住職に就いていた。

だが伯父夫婦には子どもが出来なかった。六十代で妻を亡くすと伯父は何もかも放棄して何処かへ行ってしまった。

その空いた寺を父が継ぐと言い出した。Nさんは耳を疑った。なぜなら父は病的な浮気性で、家族に対しては暴君でもあり、都会の暮らしに慣れていたから。

先ほど山奥と書いたが、実際、周辺住民からは「奥」と呼ばれる地域の寺であった。

最寄りの商店までは二十キロあまり。つづら折りの坂道が一本あるが、その道には街灯が無い。水道もなく、湧き水を使用している。トイレは汲み取り。ガスはプロパンで、家庭用の電気だけは世間より何十年も遅れてかろうじて引かれたというありさまだ。

両親は新卒で採用されてからこの方、大阪市内で揃って公務員をしていた。

伯父が失踪した直後に定年を迎えたことに運命を感じてしまったのかもしれないが、母まで乗り気になって、退職金を注ぎ込んで寺の改修をするという。

父は山の麓に墓地を作る計画を立てて、さっそく修行を開始した。

Nさんは呆れてしまったが、その頃は離婚したばかりで、気疲れから体調を崩して入院することになり、両親に構っていられなかった。

彼女はイラスレーターをしていたが、退院後は仕事が減って次第に困窮してきた。

弱り切って両親に相談したのは、経済的な援助を求めたかったからだった。

しかし父は「だったら得度してうちで働けばいい」と彼女に勧めた。

元々、強引な性格の父だったが、僧侶になっても変わっていなかった。

結局Nさんは説得に負けた。心身共に弱っていたせいもあるだろう。一年かけて浄土真宗の僧として得度すると、父の山寺へ行った。

着いてみて驚いたのは、六十代の両親より少し年下の、還暦前後と思われる女性が寺に同居していたことだった。

父の愛人なのでは……とNさんは疑った。若くはないが着物の着こなしが巧く、妙に所作があでやかな女だったので。茶道と華道の師範の資格を持っているそうで、母は暢気《のんき》に「お寺さんの生活ではそういうことが役に立つのよ」と話していた。

その母が、Nさんと入れ違うように亡くなってしまった。

山寺に来て三年経たずに急死した次第で、父と謎の女と取り残されたNさんは非常に心細い思いがした。

母の葬儀が終わり、日常が戻ってくると、次第に父と女は留守がちになった。

新米僧侶のNさんに寺のことを押しつけて、朝から車で出掛けてしまい、夜遅くまで帰らない。そんな日が増えてきて、半年もするとほぼ毎日になり、大事な法事も怠けだした。

真宗大谷派の同じ教区の先輩方に助けてもらって乗り切るしかなかったが、釈然とするはずもなく、かといって逃れられず……。

母が亡くなってから、例の女が彼女に対して日増しに横柄な振舞いを見せるようになったのも辛いことだった。女は家事もやらなくなり、だんだんとNさんに用を言いつけはじめた。断ろうとすると父が烈火のごとく怒りだす。

こうなると二人が外出してくれた方がマシだ。

やがて要領よく仕事を片づけて自分の時間を作れるようになると、Nさんは学生時代から付き合いのある親友と長電話を愉しんだり、暇つぶしに寺の所蔵品を検分したりするようになった。

過去帳を調べはじめたのも、その頃だ。

法事の記録だけではなく、この家の家系の過去帳もあった。それを見ていたら、親戚の集まりで何度か耳にしたことがある名前を見つけた。

父の兄弟で一番上の長男だった人の名前だ。この寺を継ぐことを期待されていたが、三歳のときに煮えたぎった味噌汁で大火傷を負って亡くなった。それが親戚の間で語り草になっていたのだ。

江戸時代から現在までで一族で子どものうちに死んだのは、この子を含めて七人だった。

過去帳には、七人それぞれの命日と名前が記されていたが、古い時代の子どもには戒名がついていなかった。そこでNさんが戒名をつけてやり、朝の勤行の後に一日に一人ずつ阿弥陀経を読んで小さな法要を行うことにした。

一週間で七人全員の供養が済んだ。親友に電話でそのことを話すと、親友が「じゃあ、もしかして、夢で見たのはその子たちかしら」と言った。

「粗末な着物をきた子どもたちが私と遊びたがったから『おむすびころりん』を教えてあ

げたの。転ばし合ってキャッキャと喜んでた。可愛かったなぁ」

『おむすびころりん』は幼児に人気のある昔話で、正直者のおじいさんが鼠の国でもてなしを受けて幸せになるという話だ。おじいさんが握り飯を落としてしまい、それが転がっていって日本神話の異世界「根の国」的な鼠の国にスポンと入ってしまう。

すると間もなく、おにぎりが落ちた穴から「おにぎりころりん、すっとんとん」という歌が聞こえてくるのだ……。

「転ばし合っていたってどういうこと？」とNさんは親友に訊ねた。「そんな場面はなかったと思うけど？」

「あら、おにぎり役の子どもたちが歌に合わせて押し合いへし合いしながらコロコロ転がったでしょう？　園のお遊戯では」

Nさんは「そんなの憶えてないよ。あなたの幼稚園だけのオリジナルなんじゃない」と笑って応えた。しかし幼い子どもたちが体を丸めてコロコロと転がるようすが想い描かれて、微笑ましく感じた。


やがて報恩講の時季が迫ってきた。Nさんが初めて迎える大きな行事だ。

報恩講は親鸞聖人の祥月命日の頃に行う法要だ。親鸞の命日は十一月二十八日だが、本来は旧暦であることから、時期を重んじた本願寺派では一月に、日付に合わせた大谷派では十一月に実施する。浄土真宗の寺では必ず行う最も重要な法要だ。

去年までは父もしきたりに従ってやっていたと思われるのに、父は「おまえに任せた」と言って、例の女と長期旅行に出てしまった。

仕方なくNさんは教区の先輩方に掛け合って、法話が出来る先生を近隣の寺から招待する段取りをつけた。檀家さんたちに葉書を出すのも、仕出し弁当などの手配も、本堂の飾りつけも、すべて一人で片づけた。

必死でやり遂げようとしたが、祭壇の花器に盛る生花の手配が遅くなり、慌てて電話で注文したが、予想していたよりも貧相な花束が前日の午後に届いた。

こんな山奥から町まで買いにいくには時間的な余裕がない。

そのとき咄嗟に、裏山の一本松から枝を伐《き》って花に加えれば格好がつくと閃いた。

さっそく裏山に行ってみたが、いちばん下の枝までも二メートルほどあった。

脚立と鋸や鉈を持ってきたが、不慣れなので下からはなかなか伐れなかった。

そのうち日が落ちてきた。焦ったNさんは、枝の根もとによじのぼった。枝の付け根にまたがったら、巧く伐れそうな気がしたのだ。

ところが鉈を振り上げた途端にバランスを崩して視界が反転した。

落ちる！　と思ったら次の瞬間、地面にしっかりと立っていた。

おまけに左手に松の枝を握りしめていた。

わけがわからなかったが、とりあえずその枝を使って花器の飾りつけを完成させた。

翌日の報恩講は三十人ほど集まった檀家さんたちに好評で、手伝いに来てくれた先輩や同期の僧から労われた。

その次の日、父と女が帰宅した。

Nさんは二人と口をきくのが厭で、報恩講の助太刀をしてくれた僧侶のいる寺に連絡して手伝いを申し出た。すると、急な法事が重なって猫の手でも借りたいと思っていたところだと言われ、すぐに支度して出掛けることになった。

その用が済んで山寺に戻ってきたときには、とっぷりと日が暮れていた。

玄関を開けるのと同時に、血相を変えた父に掴みかかられた。

「どこをほっつき歩いていたんだ。彼女を入院させるから準備をしろ」

聞けば、本堂で転んだきり、脚が痛いと言って動けなくなった、どうやら大腿骨が折れているようだ……という。

救急車を呼んだと父が言うので、とりあえず急いで本堂に行ってみたら、出入り口の敷居をまたいだ刹那に、どこからともなく「おむすびころりん」と子どもたちが合唱する声が聞こえた。

周りを見回したが、子どもたちの姿はなかった。痛そうに顔を歪めて床に倒れている女がいるだけだった。

あとは、花器が一つ転がり、花々と松の枝が散らばっているだけで……。

「それを運ぼうとしていて転んだらしい」と父が言った。

女は華道師範だ。Nさんが活けた花が気に入らなかったのかもしれない。

すぐに救急車が来て、女は病院へ搬送されていった。

そして、それきり生きて戻らなかった。

骨折だけではなく内臓に何か病気を抱えている可能性があることがわかって、さまざまな検査を受けたところ、何らかの薬品のアレルギーでアナフィラキシー・ショックを起こして急死してしまったのだ。

父が抜け殻のようになってしまったので、女の葬儀をNさんがやる破目になり、しばらくは目が回るほど忙しかった。

事が片付いて久しぶりに例の親友に電話すると、女が死んだことをまだ話していないのに、「六十歳ぐらいのおばさんが小さな子どもたちと『おむすびころりん』のお遊戯をしている夢を見たよ」と言われた。

それから数日して、父と口論になったのをきっかけに、Nさんは山寺から逃げ出した。父と縁を切りたかったので、親友に助けてもらいながら、正規の手続きを取って宗門からも離脱した。携帯電話の番号なども変えて、父方の親戚からの連絡も断った。

親友が起業した会社で働きながら自活して、山寺を出てから七、八年後に再婚した。

その後、夫と新居に引っ越したところ、荷物の中から三歳のときに味噌汁の火傷で死んだあの子どもの戒名を書いた紙が出てきた。

逃げるときに持ってきたはずがないのに不思議なことだったので、仏壇に祀って今でも供養している。

——と、こんな話を私はNさんから伺った次第だ。

「父や父方の親戚が私を探しているといけないので、名前などは伏せてください」

彼女がそう言うので、「探されている気配はあるのですか」と私は訊ねた。

「もう十年経ちますから親戚もあらかた亡くなっていると思うんですが、最近になって父が突然、親友の会社まで私を訪ねて来たんですよ」

「えっ。それで?」

「何かようすがおかしくて、ぼんやりした表情で『具合が悪いんだったら帰っておいで』

なんて変なことを言うんです。昔、山寺に私を呼び寄せたときにも、そんなことを言われた気がするのですが……。この十年のことを忘れてしまったみたいで……。とても気味が悪くて、怖かったので黙っていたら、スーッと出ていきました。それっきり何も……」

Nさんは最後に「あれは父の幽霊だったのかもしれません」と、おっしゃった。

その声の暗かったこと。

親子の確執の深さを思い、私は「きっとそうですよ」と彼女に応えた。

尼僧の怪談

◇尼の懺悔

「不思議の尼懺悔《あまざんげ》物語の事」は、全体を覆う物悲しい雰囲気や、最後の強烈な場面が忘れがたい怪談の傑作だ。原典の『耳嚢』よりも、杉浦日向子の漫画『百物語』で読まれた方が多いと思う。根岸鎮衛の原文を意訳したものがこちらになる。

文化年間の春頃、根岸鎮衛のもとに彼の親友が訪れて「去年、大和国《やまとのくに》（奈良県の辺り）を旅行して、あちらの珍しい話を聞いてきたから話すよ」と言った。

——ある村で、友人は急な雨に降られて街道沿いの茶店に入り、最初は雨宿りするだけのつもりだったが、そのうち日が暮れてきてしまった。泊まらせてもらえることになり、その夜は茶店の主人と会話を愉しんだ。

そのとき店主が「この夏、不思議なことがありましたよ」と言って聞かせてくれたのが、この話だ。

夏の宵の口に、歳の頃は十九歳ばかりと見受けられる、たいへん美しい尼僧が一人でこの茶店に来て店主に訊ねた。

「ここ大和国の何某という名高い寺を訪ねていくところなのですが、そこまで何里ぐらいあるでしょう」

「うちの店からは七、八里になりますね。何の用でそこをお訪ねになるのですか」

「……私は幼い頃に両親と離れ離れになり、村の裕福な家にお仕えしながら育ちましたが、わけあって尼僧となりました。そこは師僧の寺で、今日中に到着するつもりが、女の足では思うように進めず……。夜通し歩くことも考えましたが、ここに泊めていただければ、明日は日が高いうちに着けるかもしれません」

嘘を吐いているとも思えず、店主は聞いているうちにかわいそうになってきた。

美貌のうら若い尼がたった一人で旅をするのは非常に怪しく、何やら疑わしいことでもあるので、

「それにしても、その若さで、なぜ出家されたのですか?」と少し探りを入れてみた。

「しかも、そんなにお綺麗なのですから、何かわけがあるのでしょう。ありのままに語ってくださったら一夜の宿をお貸ししますよ」

すると「では、この家のお身内の方々の前で懺悔させていただきます」と尼僧は応えた。

そこで店主が妻子を集めると、尼僧はさっそく身の上を語りはじめた。

「私は、ここからそう遠くない村に生まれましたが赤ん坊の頃に両親を立て続けに亡くして、初めは村のいろいろな家で世話をしてもらい、そのうち不憫に思ってくれた夫婦が私を引き取って育ててくれたのです。棟《むね》の高い立派な屋敷の、農家でした。

やがて十五、六になった頃……いつしかその家の旦那さまと心を通じ合わせるようになって……。折しもその頃、奥さまがふと患いついて、日増しに病が重くなり……。

奥さまには幼い頃からお世話になって参りました。だから真剣に看病をして、お仕えしたんですよ。でもご病気は悪くなる一方で……死期が迫っているのがわかりました。

そんなある日のこと、病床の奥さまが旦那さまを枕もとに呼んで『よその女ではなく、幼い頃から育ててきたこの娘を後ぞえに迎えていただきとうございます』と頼みました。

旦那さまは『そんな心細いことを言うな。養生していれば治るから』と奥さまを慰めましたが、耳に届かなかったかのように奥さまは今度は私に向かって『私の代わりに家のことをまめまめしくやりなさい』と。

それから間もない、あの日……夕暮れになりまして……奥さまが私に言ったのです。

『今日は思いのほか気分が良い。夕涼みがてら、村の観音さまに連れていっておくれ』

そのとき旦那さまは村のご用事で出掛けておりました。たっての頼みをお断りすればご病気に障ると思い、手を引いて奥さまを立たせましたが、歩くのは難しそうでした。

そこで背中におぶって行くことにしたのです。

でも……行く途中で奥さまがひどく苦しみはじめて、もしや亡くなってしまうのではと不安になって振り向いてお顔を見たところ、とても恐ろしい表情をしていらっしゃって。私はワッと叫ぶと、その場で気絶してしまいました。

やがて旦那さまがお帰りになり、奥さまと私の姿がないので家人に訊ねたら『出掛けたようだ』と……。

旦那さまご自身や使用人、村の者がみんなで私たちを探して、見つけたときには、奥さまは私の背中で事切れていました。私も死んだように気を失っていましたが、水を掛けられて息を吹き返しまして……屋敷に連れ帰っていただいて……わかったのです。

奥さまの両手が私の肩から胸にかけてべったりと張りついて、剥がれなくなっていることが。何をどう試しても駄目で、仕方なく奥さまの左右の手首を断ち切って、亡骸を私から引き離すことになり……。その後、奥さまは手厚く葬られましたが、手首の方は……。

それから私は奥さまの菩提を弔うために尼僧となりました。さきほどご主人は若い尼の独り歩きには猥《みだ》りがわしい理由があるのでは、と、ご不審に思われたようですが、男に言い寄られてもこれを見せれば恐れて近づきません。……ほら、皆さんご覧なさい」

そう言うと尼僧はもろ肌抜きして、左右の肩から胸もとに張りつく死者の手首を見せた。

◇八百比丘尼の最期

八百比丘尼《やおびくに》は不老長寿の美貌の尼だ。多くは十七、八歳の頃に人魚の肉を食べたところ、それきり歳を取らなくなったとされている。その伝説は北海道と九州南部以南を除くほぼ全国に分布しており、主要な部分はどれも似通っている。

——ある男が、庚申講など講の夜に、見ず知らずの男から招待されて饗応を受ける。そこで人魚の肉がふるまわれるが、不気味に思って男自身は箸をつけず、土産として家に持ち帰る。それを彼の娘か、あるいは幼な妻が食べてしまって不老長寿になるのだ。

彼女だけが同じ姿で生きつづけ、知り合いはみんな寿命で死ぬ。そこで出家して全国行脚をしたわけだが、最期は断食入定した、つまり即身成仏したとする言い伝えがある。

空印寺という福井県小浜市の曹洞宗の寺院には、八百比丘尼が入定した洞穴が存在する。内部は四畳ほどの広さで、洞窟の前に「八百比丘尼」と記された石碑が建っている。

彼女は源平合戦の頃から生きており、長らく流転の日々を送っていたが、この土地の生まれだったので、死を想うようになると帰郷した。
今から二百八十二年前の寛文二年のことだったという。

とある下町の住職から

東京下町の真言宗智山《ちざん》派の寺院が、Kさんの寺だ。

昨年取材させていただいた時点で五十一歳。先代住職は祖父だったという。父は僧侶にならず、彼が祖父の跡を継いだ。寺が建立されたのは幕末だったが、震災や戦災の影響で住職がいない時期があり、彼で五代目。本山から娑婆《しゃば》に出てきて今年で三十周年を迎える。

そんなKさんから不思議な体験談をいくつかお聴きした。

おじいちゃん

とある檀家さんの七回忌法要の席で、読経の最中に小さな子どもが参列者の中からトコトコと前の方に歩いてきた。母親に連れ戻されても、またすぐに飛び出して、祭壇の方へ来ようとする。四、五歳の幼い男の子のすることだから、本気で怒る者はいなかった。

両親は申し訳なさそうにしていたが、本人は叱られてもキョトンとしている。

Kさんは、終わるとすぐにその子に話しかけた。

「長かったよね。ごめんね。ポクポクに触りたかったのかな」

鳴り物に興味を示す子どもはたくさんいる。てっきり木魚《もくぎょ》を叩いてみたかったのかと思ったのだが、「ううん」と子どもはかぶりを振った。

「おじいちゃんに呼ばれた」と言う。

七回忌を迎えた故人は男性で、この子は初孫にあたった。

しかし亡くなった後に生まれたので「おじいちゃん」はこの子の顔を見ておらず、この子も祖父に会ったことがないのである。

「どんなおじいちゃんかな?」とKさんは訊ねた。

すると子どもは「あのおじいちゃん」と答えて、祭壇に置いた遺影を指差した。

——真言宗では法事のときに故人をその場に呼び寄せる。七回忌の老人は、自分と入れ替わるように生を受けた孫に逢ってみたかったに違いない。

参列者はみんな涙ぐみながら笑っていた。「おじいちゃんは孫の顔を見たかったのねぇ」などと言い交わしながら帰っていき、とても良い法事になった。

悪霊祓い

二〇二三年の十月に、長らく行き来のなかった女友だちから急に連絡があった。

「久しぶりに美味しいものでも食べに行こうよ」とメールを書いて寄越したのだが、なんとなく違和感があった。

ほとんど十年ぶりの便りだったのだ。また、交流があった頃もKさんと彼女はきわめて清い仲で、彼女が結婚して都内で家庭を持っていることを知っていたので、僧侶である自分に何か相談したいことがあるに違いないとピンと来た。

水を向けてみたら、案の定、十六歳のひとり娘が遠距離恋愛しはじめたことが原因で、家族全員がぎくしゃくしているとのこと。

彼女によれば、夫は仕事人間で真面目な人だが、神秘的なことには理解がない唯物論者で、繊細な感情の機微に疎《うと》く、反対に娘は感受性が強い性質で霊感があるため、何年も前から反りが合わなかったのだという。

そこへ持ってきて、まだ十六歳だというのに、どこで知り合ったのか北海道に住む二十歳の青年と恋に落ちて、盛んに逢いに行きたがったので……。

「最初は私が娘に付き添って行って、二回目からは娘が一人で行くようになった」

この事態に彼女の夫は怒り、夫婦仲が悪化した。

「うちの子は前々からちょっとメンタルに問題があったから、彼氏にも会わせないわけにはいかなかったのに」

娘はリストカッターで、風邪薬などのオーバー・ドーズで病院に担ぎ込まれたこともあったとのこと。恋人との逢瀬を禁じれば何をしでかすかわからないのかもしれない。

だからこそ何度も東京から北海道に往復させてやったのだろうが……しかし……。

Kさんは心配しつつ、他人の家庭に土足で上がるような真似は出来ないと思い、その場は聞き役に徹した。

しかしそれからしばらくして、彼女からSNSで連絡が入った。

「娘が北海道の彼氏のアパートで、吠えたり暴れたりして、手がつけられないみたい。彼氏が実況中継みたいにライブ動画を送ってきたんだけど、いつもの娘とは全然違うようすで、どうしたらいいかわからない！」

そのときすでにKさんは、彼女が見たライブ動画のイメージを直感的かつ視覚的に捉えていた。第六感とも呼ぶべき能力が彼にはあった。彼女と繋がっているSNSの通話画面を通じて、娘のようすが視えたのだ。

吠えたり暴れたりと彼女は言ったが、声だけ聞いたら、十六歳の少女ではなく、中年男が獣じみた唸り声を発しているかのようだった。

娘の言葉が不明瞭なのは噛みついていているせいでもあり、恋人は「痛え！　放せ！」と泣き喚いていた。

Kさんは彼女を通じて、気の毒な若い男に簡単な祓いの方法を教えた。

しかし、どうやらうまく出来なかったようだ。

二日後、また連絡があり、事態はさらに悪くなっているとのことだったので、すぐに娘を帰京させて、真っ直ぐこの寺に連れてくるように指示を出した。

羽田空港からどこにも立ち寄らずに彼女が運転する車で連れてこられた娘を見ると、Kさんの心眼《しんがん》には、歳相応の少女ではなく中年のヤクザ者のイメージが映った。

凄みのある眼差しで睨みつけながら、低い声で「ウウウ」と唸っている。

本堂で座らせて、不動明王の印を結び、読経と手法をとり混ぜて、塗香《ずこう》、樒《しきみ》、念珠《ねんじゅ》を使って……と、儀式を行ったところ、十五分あまりで娘の憑き物が落ちた。

総本山で習ったのではなく祓いの仕事をしながらオリジナルで編み出した方法で、何度も成功させているが、お代を頂戴して行ったことは一度もない。

最後に渡す水晶の念珠もサービスだった。

「これで防御してね」と言いながら、正気を取り戻した娘に手渡すと、娘は彼の顔をまじまじと見つめて「凄く綺麗なオーラが見える」とつぶやいた。

その後、彼女たちから事の詳細を聞いたところ、娘の恋人のアパートは遊郭の跡地に建っており、古い神社と隣接していることがわかった。

Kさんは、遊郭に通いつめていたヤクザ者が好きな女郎に対する執着を抱いたまま不慮の死を遂げたのではないか……と想像した。怒りと快楽と絶望は死後も残りやすい。この三つの感情が死に際に渦巻いていたのだとすれば……と。

心が弱くて霊感がある者は憑かれやすい。

娘は、生前のヤクザが好きだった女郎に似ていたのかもしれない。祓った程度ではあの死霊は古巣に戻っただけだろうとKさんは思い、憂鬱になった。

あの娘がまた北海道の青年のところに行ったら、再び取り憑かれてしまうことが予想できたからだ。

悪い予感が的中して、元日の深夜に例の女友だちから、またSNSでメッセージが送られてきた。

「ついさっき、娘が、あのときと同じように低い声で彼氏に悪態を吐いたみたいなの」

そんなことを聞かされたら正月だろうと放っておけない。そこで翌朝からSNSのグループ通話を試みはじめたが、娘が通話に応えたのは日付をまたいだ午前一時すぎだった。

それも「ふざけんな。くそ坊主」と怒鳴ったきりで、暴れているらしいドスンバタンという音と青年の悲鳴しか聞こえてこなくなった。

――この調子では、そのうち死人が出るぞ。

Kさんは、娘と恋人が、北海道の成田山で祈祷をしてもらえるように段取りを付けた。夜が明けたらタクシーですぐに最寄りの成田山に向かってもらい、彼からも住職に電話で「灑水加持《しゃすいかじ》をしてあげてください」とお願いしたのである。灑水加持は、加持された清浄な水で煩悩と垢穢《くえ》を除く浄めの儀式だ。

それが済んだら今度は娘だけではなく恋人の青年も連れて来るように、と言った。灑水加持をしてもらえば、少しは落ち着いているのではないかと思ったのだが。

一月二日の夜になって寺に現れた娘は、以前よりも凶悪さを増していた。

後で青年を問い質したところ、灑水加持を受けた際にお布施《ふせ》をしなかったとのこと。お布施は本来、悟りに至る六種の修行「六波羅蜜《ろくはらみつ》」の一つで、仏さまに対して自身が持っているものを無条件に差し出すことを指す。

インドの言語では「ダーナ」で、意味は与えること。功徳を積んだ出家者に対して与えることで功徳が分与されると考えられていた。

つまりお布施なしでは功徳が得られない……。

山門まで出迎えに行ったKさんを、娘はドスの効いた声で脅した。

「ぶっ殺してやる。クソ坊主。お前らみんな呪ってやる」

母親がショックのあまり泣きながら暴言をいさめると「このクソババア殺してやる」と喚き、さらには青年やKさんに向かって「この女は俺のもんだ」と言った。

少女の声ではない。それにまた、Kさんには、前回と同じヤクザ者だけではなく、もう一人の何者かの霊や、狗狐狸より下等で愚かな獣たちの霊も憑いているのがわかった。

新しく現れた死霊は、娘の真後ろに立って後頭部に頭を突っ込んでいたので、たいそう不気味な格好だったが、こいつは本堂で祓うとすぐに消えた。

「他のがまだ憑いているから、三人で僕の寝室に泊まりなさい」

Kさんは、自分のベッドのマットレスの下に不動明王の御札を挟んでいた。娘に憑いている悪霊にとっては我慢のならないものだろう。

三人が寝室に入ると五分も経たずに凄まじい叫び声と悲鳴が聞こえてきた。

駆けつけてみれば、娘が母親と恋人を跳ね飛ばして大暴れしていた。

押さえつけて真言を唱えると寝息を立てはじめたが、手を離すと再び暴れだす。

「御札を外せ！」と娘が怒鳴るのを聞いて、他の二人は「御札って？」と不思議そうな顔をした。マットレスの下に御札が仕込まれていることは教えていない。知らなくて当然だ。

娘に憑いている霊には、なぜか御札の存在がわかるのだ。

真言を唱えると鎮まるが、止めると体をのたうたせ、隙を突いて噛みついてきた。

真言を唱えて口を離させたが、歯形がくっきりと付いていた。

——この方法では埒《らち》が明かない。

翌朝、娘の父親を呼び出して、家族三人で三峯《みつみね》神社に行ってもらった。

「憑き物祓《はらえ》をしてください」と言うように両親に説明して娘を連れていかせたところ、三峯へ向かう車の中で男の声で暴れ狂ったという。

三峯神社の本殿に向かう間、娘は大声を上げて抵抗を続け、二人がかりで抱え上げて運ぶしかなかったらしい。

騒ぎを聞きつけて駆け寄ってきた受付の人に「憑き物祓を」と母親が言うと、「そうですね」と先方が応えたそうだ。

ともあれ、三峯神社でお祓いを受けてから、娘の状態は急速に改善して、三週間ほどで憑き物が完全に抜けた。

三峯神社から貰った木の眷属箱《けんぞくばこ》には大神《おおかみ》（狼）の御札が入っている。神棚の上の天井に「天」または「空」と書いた半紙を貼ってもらった上で、眷属箱を祀らせた。

すっかり快復した娘が親に連れられてKさんの寺に挨拶に来た。その折に娘が言うことには、毎晩、神棚から狼が降りてきて、自分に憑いている男や何かに噛みついてやっつけてくれたのだとか……。

さらには、眷属箱に捺された印と同じ形のものが、天井に貼った「天」と書いた紙の真ん中に浮かびあがってきたとのことだ。

こうして、この家の家族三人は三峯の加護のもとに暮らしはじめたので、もう安泰だと思われた。

問題は北海道の青年である。Kさんは彼を三峯神社に同行させなかった。元より彼を苦々しく思っていた父親を三峯行に協力させたかったので遠ざけたのだ。

この後、青年から直接、Kさんに連絡が入った。

「あれからアパートを引き払って実家に戻ったんですが、実家も変なんです。誰もいない部屋から足音や話し声が聞こえるんですよ」

娘に憑いていたものの一部を連れて帰ってしまったのかもしれないと思い、Kさんは彼に家を浄《きよ》める方法と神棚の祀り方を教えた。

うまく行くことを祈っているが、その後どうなったかは、まだわからないという。

修行よもやま記

(一) 学寮の女

昔の話だ。Kさんは大正大学を中退してしまい、二十歳から二十一歳にかけての約一年間を京都の智積院《ちしゃくいん》で修行することになった。

つまり、真言宗智山派・総本山智積院の専修学院に入って学院生になったのだ。修業期間は四月一日から翌年の三月三十一日まで。全寮制で、新学院生は三月三十日までに入山しなければならず、以降は卒業まで、二人につき一室の相部屋に寝泊まりするのだ。

入山初日の夜、Kさんは知らない男を視界に入れたままだと、どうにも落ち着いて眠れそうになく、相方に背中を向けて敷き蒲団に体を横たえた。

部屋は六畳。荷物や文机があるから狭苦しく感じた。鼻先に冷たい土壁がある。目を閉じて少しでも睡眠を取ろうと努力しはじめたところ――。

「ねえ、ねえ、もういいでしょ」

女の声が。

ギョッとして目を開けると、目の前の壁の中から女が「ねえねえねえねえ」と甘ったれた声で彼に呼び掛けた。「もういいよねぇ？」と問われて怖くなり、部屋から抜け出してロビーで夜明けを待った。

総本山で修行している間は、ほとんど自由時間がない。原則として週に一度だけ朝勤行と夕勤行の間の数時間は体が空くのだが、学習時間に充てる者が多かった。

だが、ここでの暮らしに慣れてくると、たまには勉強を怠けてみたくなってきた。入山から三ヶ月ほど経ったある日、Kさんは一人で境内を探検してみた。

広大な境内だから探検のし甲斐がある。しかし抹茶色の作務衣に下駄という学院生の制服で歩きまわれば誰かに見咎められるのは時間の問題だった。

学院の敷地から出る前に呼び留められてしまった。

「こら。何してる？」

声のした方を振り向くと、紺色の作務衣に雪駄を履いた若い僧侶がいた。

「今日は休みなので」と言い訳したら、彼をたしなめて曰く。

「あんまりウロウロしない方がいいぞ。ここはアレなんだから」

「アレって、なんのことですか？」

「そこから教えないとダメか……。ここの学寮は、旧京都日赤第一病院の精神病棟の建物を利用しているんだ。窓に鉄格子が嵌っているだろう？　霊安室の跡も探せばわかるぞ」

——これを聞いてKさんは、壁の中から「ねえねえ」と自分を呼んだ女は精神病棟だった当時の患者の幽霊かもしれないと思い、背筋が冷たくなった。

だが彼は懲りない性格で、またしばらくすると総本山を見物して回るだけではなく、さらに大胆に、深夜に山を抜け出して町にラーメンを食べにいくことを覚えた。

真夏の熱帯夜にラーメンを食いに行き、汗まみれで学院に帰ってきたら、簡易な浴衣のようなものを着たおばさんが奇声を発しながら彼を目掛けて廊下の奥から走ってきた。

「キーッ、キーッ、キエーッ」

必死で逃げて、真面目な学院生たちが眠っている学寮の扉を開けて中に飛び込んだ。おばさんの鼻先で扉を閉めたところ、てっきり怒って大騒ぎするかと思ったのに、何も言わない。立ち去ったにしても物音ひとつ立てないので気になってきて、用心しいしい扉を開けてみたら、廊下には誰もいなかった。

（二）墓地奇譚

Kさんは大食漢だった。修行時代の体重は百十七キロぐらい。卒業までに多少痩せたが、他の学院生が顕著に細くなるのに比べると、あまり体型が変わらなかった。

身長も百八十センチ近くあるので、なかなかの巨漢だったが、小さなときから柔道を習っていたから見かけによらず敏捷でタフでもあった。

学院生活に馴染むと同時に、その意外なすばしっこさと体力を彼は食欲を満たすために活かしはじめた。

――京都には〝天下一品ラーメン〟の本店があった。

脱走がバレたら山を下ろされるかもしれない。すなわち破門。しかし見つからなければ天下一品を食べられるのだ。賭ける価値があると彼は思い、実行に移した。

これが上手く行ってしまった。

そこで度々脱走しては天下一品を心ゆくまで食べた。……痩せないわけである。

脱走するときは、毎度、深夜零時近くに裏山の墓地を這いつくばって通り抜けた。

しかし、十回目ぐらいに脱走した際に、腰を屈めて墓地の通路を走っていると「バサバサッ。カチンカチン！」と頭の上の方から変な音が聞こえてきた。

顔を上げて見回してみたら、黒い人影がマントをバサバサッと翻《ひるがえ》して墓石から墓石へと飛び移りながら自分と並走していた。ひと目で人間ではないと直感した。

動作が軽やかすぎるのだ。それにまた何かが墓石に当たってカチンカチンと鳴っているのだが、何の音か見当がつかず不気味であった。

ヤバイと思って、その夜は寮に戻った。

翌朝になると、あらためて昨夜のカチンという音が気になった。

そこで時間を見つけて墓場に行ってみたところ、多くの墓石のてっぺんに小さな楔形の傷がついていた。よく見ると新しい傷と古い傷があった。

得物は不明だが、カチンカチンと何かで叩いて傷をつけたのだろう。

飛び回りながら打っただけで石に傷をつける物があるとは恐ろしい。

それから二週間、彼は脱走しなかった。

結局、再び天下一品の魅力に負けて深夜の墓地を通るようになったのだが、マントの怪人は二度と彼の前に姿を現わさなかった。

（三）四度加行の頃のこと

Kさんは大正大学を中退する前の冬休みに五十六日間の四度加行をした。

その間は、生卵やご飯にかけるふりかけすらない完全な精進料理で過ごした。

食事について言えば最初の二週間が本当につらかった。五体投地を百八回、読経しながら日に三回するのも、護摩壇の支度も大変だったが、加行中に抜け出すと即座に破門になるし、これをクリアしなければ真言宗の僧にはなれないので、頑張るしかなかった。

寝不足にも悩まされた。護摩壇を整えるには時間を要する。ことに不慣れなうちは二、三時間も掛かる。従って、朝五時のお勤めに間に合わせるには午前二時には起きねばならなかった。当然、辺りは真っ暗だ。

提灯で足もとを照らしながら敷地の中を歩いていると、後ろから下駄の音がしたり、風も無いのにザーッと音を立てて落ち葉が宙に渦を巻いて舞っていたりと、怪しいことがよく起きた。

また、作業中に後ろを木蘭色《オレンジ》の衣が通るのが視界の隅に入り、偉い先生がいらっしゃったと思って振り向いたら、おでこと顎が長く伸びた怪人が後ろに立っていた。

驚いた次の瞬間、「おはよう」という声が前方から聞こえ、見れば、本物の先生が来たところだった。

「思えば、あの頃に霊感が目覚めたようです」と彼はニコニコ笑いながら言っていた。

即身仏の怖い話

◇鉄竜海上人《てつりゅうかいしょうにん》の真実

即身仏は、即身成仏思想を基底とする真言宗湯殿山系《ゆどのさんけい》寺院に主に見られるが、それ以外の宗派の僧侶や行者が断食入定した場合を指すこともある。

原義としての入定は瞑想に入ることを指し、即身仏になるための入定は生死の境を超越して永遠の瞑想に入ることを意味する。衆生救済のために生きながら即ち仏になるのだ。

山形県の庄内地方には六体もの即身仏が安置されており、現在も公開している寺がある。

そのうちの一つ、南岳寺《なんがくじ》の「鉄竜海上人」は湯殿山最後の即身仏だ。一八二〇年生まれで、若い頃に殺人を犯し、放浪の果てに南岳寺に入門。修行に熱心で、左目を自ら抉《えぐ》りだして龍神に捧げ、人々の眼病が癒えるように祈ったという逸話もある。

やがて入定を志すが病身となり、埋葬後に遺体を掘り出して即身仏にせよという遺言を残して六十二歳で病没した。

ところが即身成仏は違法行為になっていた。時は文明開化の明治十四年。彼の死の前年

（明治十三年）に旧刑法が公布され、自殺幇助罪《ほうじょ》が制定されていたのだ。

科学万能の世では入定は自殺行為。手助けすれば自殺幇助罪に問われるというわけだ。

同時に墳墓《ふんぼ》の発掘も禁じられたので、鉄竜海上人の遺言を実行するのは困難に思われた。

だが、彼の熱狂的な信者たちは断行した。墓を掘り起こして遺体を加工したのだ。

即身仏・鉄竜海上人の腹部には大きな切開痕があり、石灰が充填《じゅうてん》されているという。

当局による摘発を免れるために、関係者は長らく彼の没年を「明治元年」と偽っていた。

今も各所で見られる鉄竜海上人についての「湯殿山の仙人沢《せんにんざわ》で千日木食参籠行《せんにちもくじきさんろうぎょう》を成就して即身仏となった」といった伝説も、嘘の没年と共に生まれたのではないか……。

真相が明らかになったのは昭和の半ばだそうで、異論もあるが、一九五六年の大火災に際して発覚したとする説がある。このとき南岳寺は火事で全焼してしまったのだが、寺の本尊と鉄竜海上人の即身仏だけは不思議なことに無傷だったのである。

◇即身仏の祟り

和歌山県が紀伊国《きいのくに》と呼ばれていた頃の話。

千日木食参籠行をする僧侶が「これから私は岩穴に籠りますから、鉦の音がしなくなったら私を出してください。そのときこのお金を差し上げますから」と村人に言った。

この僧は入定して即身仏になりたがっていた。村人に手助けしてもらう代金を成仏した後に支払うつもりで話したことだったが、村人たちは今すぐ金が欲しかったので、ただちに彼に襲い掛かって命を奪った。

その後、この辺りの者たちは、今で言うハンセン病に次々に罹ったり、その他の不幸なことに見舞われたりしたので、殺した僧の祟りだと噂された。

◇入定山怪談

何者かが入定した山には霊障の言い伝えが珍しくないようだ。

オコリ山には、誰かが地面に穴を掘って入定したことを示す入定塚があった。この山に登った者は霊障に遭って死んでしまうか火事に巻き込まれたので、入定塚の祟りだと言われていた。

上の山の笠松《かさまつ》を伐ると祟られる。この木を傷つけた者のみならず、親戚まで全員死んでしまったことがある。生まれた子の口が曲がっていたとも言われて恐れられたが、原因はこの松の木の根もとで入定した者がいたからだ。そこから人骨が掘り出されたから、そう信じられている。

――前者の「オコリ山」は群馬県北群馬郡のどこかで、後者の「笠松」は愛媛県松山市にあるらしいのだが、現存するか否か、確かめることが出来なかった。

松はともかく、山は消えるはずがないのだが。

◇八王子の入定奇譚

十八世紀末の寛政十一年頃に、八王子千人同心組頭《せんにんどうしんくみがしら》・萩原頼母《はぎわらたのも》の部下の何某という同心が、ある日、家の墓所を訪ねたところ地面に大きな穴があいていた。

彼はたいへん驚いた。昨日まで、そこにそんなものは無かったのだ。

そこで、まずは使用人を一人、穴の中に下ろして、どんなようすか見てもらった。

すると、六、七尺四方（二畳から三畳くらい）に四角く掘られた室《むろ》があると言う。

それは捨て置けない。自ら灯火をかざして穴の中へ入ってみれば、小さい鉦をそばに置いた僧形の者が一人、結跏趺坐《けっかふざ》で座っていた。

この坊さんは何者だろう。彼は少し興奮してきた。そこで同心仲間を大勢呼び寄せ、もっとよく観察するために松明で明々と室を照らしながら、みんなで中に入ってみた。

すると、たちまちそれの体が粉々に砕けて跡形も無くなり、後には鉦だけが残った。

おそらく入定した即身仏だったのだ。

彼は、鉦もろとも即身仏の室を埋めると、家の菩提寺から和尚を招いて丁重に祀ってもらったという。

——ちなみにこの話は『耳嚢』の一編なのだが、八王子千人同心組頭・萩原頼母は原作者の根岸鎮衛と同様に実在の人物だ。かつて甲州街道と陣馬街道の追分に萩原頼母の屋敷があって、奉公人が愛娘と密かに恋仲になったことを頼母が怒り、娘もろとも斬り殺してしまったという恐ろしい逸話が残っている。

これは一種の怪談でもあって、やがて娘と奉公人が雌雄の蛇に化身して、さまざまな霊障を起こした。近隣の者たちがそれを「蛇姫さまの祟り」と呼ぶようになると、萩原頼母は二人を斬殺した榎の木の下に稲荷社を祀った。

現在その場所は日蓮宗の了法寺《りょうほうじ》という寺の境内になっていて、稲荷社の名前は文護《ぶんご》稲荷という。

湊町より

石巻大日尊《いしのまきだいにちそん》

現在、谷田部忠経《やたべただつね》さんは高野山真言宗の僧として、宮城県の石巻湾にほど近い石巻大日尊の住職をしながら、拳法や柔術などを地元の道場で教えている。

高野山に入山したのは一九八八年、十八歳のときのことだった。

そして二〇一一年三月十一日に四十一歳で被災した。

東日本大震災――その日、石巻湾を襲った津波は旧北上川《きたかみがわ》を河口部から遡上して、沿岸部の広い範囲に甚大な被害を及ぼした。

彼が生まれ育った石巻大日尊も、黒い海に呑まれた。

その後、彼は避難宅から、ほぼ一日おきに寺の跡地を訪ねた。

町は消え、荒廃した景色が広がっていた。倒壊した建物の残骸があるところでは散らばり、あるところでは折り重なり、潮とヘドロの臭いにまみれている。道は消えていて、障害物を攀《よ》じ登ったかと思えば、それはかつて人々が語らっていた民家なのだった。

陸に乗り上げた船が前方を塞いでいた時期もあった。橋は折れて、川面をわたる風だけが以前と変わらなかった。そんな片道二十キロあまりの道なき道を、何かしなくてはいけないという焦燥に衝き動かされて彼は通いつづけた。

寺の跡地は黒い泥濘《でいねい》と瓦礫《がれき》のカオスだったが、どこかに土地の人々と永々と築いてきた歴史が、そして密教僧として生きた証が、埋もれているのではないかと探し求め……やがて小さな仏像を見つけた。そのとき、これで明日も生きていけると心の底から実感した。

次いで父と自分の数珠、僧衣、数冊の経本が見つかった。近所の人々の協力も得て、仏像も次々に掘りあてられ、鐘も出てきた。

ふだん使いの食器や洋服箪笥といった日常を支える物品は不思議なほど消え失せて、どうやっても出てこないのに、僧の勤めに必要な道具は泥の中から還ってくるのであった。発掘された仏像はどれも無傷ではなかった。だが目にした人は誰しも涙してありがたがり、一心に手を合わせた。

彼は使命を果たすべく、仮の本堂を用意すると、そこに拭き浄めた仏像を並べて、少しずつ法事を再開しはじめた。

やがて、消えた仏像は残り四体を残すばかりとなった。そのうち愛染明王《あいぜんみょうおう》像は腕を何本か発見できていた。おそらく粉砕に近い壊れ方をしたのだろう。

大日如来、虚空蔵《こくうぞう》菩薩像、阿弥陀如来像は、腕はおろか、影も形も見当たらなかった。

——大日如来は先代住職である父の守り本尊だった。

——虚空蔵菩薩は彼の母の。

——そして阿弥陀如来は彼自身の守り本尊であったから、このことを知るとこう言ってくれる人が多かった。

「きっと身代わりになってくれたんだね」


今回、私は谷田部さんに取材を申し込み、彼がこれまでSNSに書き記してきた手記を参照することをお許しいただいた。

独自に取材した内容や、新たに彼に訊ねて知ったことも加えながら、文章を再構成した。

守り本尊が身代わりになった不思議さよりも、姿が損なわれた仏像に手を合わせる被災した人々の祈りや、最初に泥から現れた仏像が彼にもたらした希望の輝きの方が、遥かに深く胸に迫ったことを告白しなければならない。

神や仏が何処に宿るものなのか、読者さんにも伝わることを願いつつ書いた。

中古物件のお祓い

今から八年ほど前のことだ。その日、谷田部さんはある物件の祓いを行った。

石巻湾から吹きつける潮風に錆びたトタンが揺れている。そんな廃屋寸前の古い家屋と、真新しい家並みが混在している不思議な景色。

これも津波が残した爪痕で、中古の建物を改装してこれから商売を始めるという依頼主は、新旧を繋ぐ存在には違いなかった。

そこは間口が広く奥行が深い、典型的な商店の造りの建物で、築数十年が経過していた。

「ずいぶん前になるらしいのですが、ここで商売されていたおばあさんが亡くなったそうです。ご遺体で見つかったと聞いたので、気になってしまいまして」

いわゆる事故物件ということだろうか。

現地で準備を整えて、さっそく拝みはじめると、どういうわけか、この建物には男がいるように感じられた。顔つきもなんとなくわかる。

断じておばあさんではなかった。

祓い終えて、このことを依頼主に伝えた。

「でも心配いりません。祓えましたから」と申し添えて安心してもらったのだが。

翌日、依頼主から電話が掛かってきた。

「昨日のお祓いのとき、おばあさんではなく男がいたとおっしゃいましたよね？」

「はい」

「本当に男の人が死んでいたそうですよ！　犬を散歩させていた家人が、さっき近所の人から聞かされてきたんです！　あの建物では、昔おばあさんも亡くなったんでしょうが、その後で男の人も遺体で見つかったんですよ！　なんで男が視えたんですか？　それとも何か知っていたのですか？」

「いいえ。何も知りませんでした。なぜわかったかは説明できませんが……」

「あの建物ホントに大丈夫なんですか？」

「ええ！　しっかり祓ったから心配ご無用です！」


結局、依頼主は当初の計画どおり、そこで商売を始めた。

あれから月日が流れたが、現在もつつがなく営業している。

ハムスター供養

谷田部さん自身はペットを飼ったことがないが、亡くした動物の供養を頼まれるうちに、飼い主とペットの関係は家族に等しいものであることが理解できたという。

生命は生命だ。何に宿った霊魂であれ、分け隔てなく供養されてしかるべきだ。

しかし寺によっては「動物のために読む経はない」と言って、人間以外の供養を断っているそうだ。彼には、ちょっと信じられない仕打ちに思える。

――このことについて想うとき、彼の脳裏には、ペットにも葬儀が必要だと確信させられたこんな出来事が蘇ってくるのだ。

その日、彼はハムスターの葬儀を頼まれた。依頼してきたのは小学校低学年の男の子とお母さん。

「午前中に一度、何かようすがおかしいような気はしたんですけど、病院に連れていく前に、妙に黄色いオシッコを出して、亡くなってしまいました」

飼い主だった男の子は大粒の涙をこぼしながら口をへの字に結んでいた。

本当は声を放って泣きたいのだろう。我慢して、偉いな。

などと思っていたら谷田部さんも貰い泣きしかけた。

いかん。シャンとして葬儀をしてあげなくては。

ハムスターは半ば目を開けたまま絶命していた。突然の死だったのだ。

亡骸をテーブルに置いて餌と水を供え、遺影を飾り、灯明を燈《とも》すと、拝みはじめた。

供養が終わると、どういうわけかハムスターの目がしっかりと閉じていた。

見違えるように穏やかなお顔だ。

「安らかに逝けたね」と、飼い主の母親が喜んだ。

読経の間にハムスターは瞑目したのだ。表情の変化は明らかだった。

幼い喪主は慈しむように亡骸をそっと撫で、親友に別れを告げた。いつの間にか泣きやんでいた。

二〇一一年の暮れのこと

「谷田部さん、話があるの」

「なんだい？」

「〇〇屋の工事、今、入っている業者は三社目なんだって。幽霊が出るから」

「ああ、あそこは屋上まで津波が来たらしいね。生き残った人から話を聞いたことがあるよ。ずいぶん亡くなったから、そういう噂が出るのも当然だろうな」

「あのね。私の仕事場も、同僚の人たちが出るって言ってるの。それで本当に……こないだ開店準備をしていたら、人が入って来たの。初めは不思議に思わなかったけど、こっちをじっと見ているような気がして……でも、そっちを振り向いたら誰もいなかった。それ以外にも、更衣室のドアの外から男の人の声がしてきたことも……」

「その声の主は若い男の人だね？　イメージできるよ」

「そう。若い人の声だった」

「君をじっと見ていたのは、それとは別の人だね」

「うん。違う人だと思う」

「その人たちは君に悪さをしようとはしてないみたいだ」

「そうね。……怖いなんて思ったら、みんな、かわいそうだよね」

「ご供養してあげたいよね。制服に入れておけるお守りを作ってあげる」

「ありがとう。あれから不思議なことがなくなったよ」

「ご供養できたね。良かったね」


そんなことがあった翌日、明け方の暗い廊下を歩きかけたら、天井の電気がひとりでに点いた。立ち止まって「ありがとう」と彼は言った。

耳に届く返事はなく、姿も目には映らなかった。

だが、親切な誰かが明かりを灯してくれたのかもしれないから。

参考資料一覧（順不同）

『知っておきたい日本の仏教』大角修（監修）　柑出版社
『気になる仏教語辞典』麻田弘潤（著）　誠文堂新光社
『仏教要語の基礎知識』水野弘元（著）　春秋社
［光寿院　ホームページ］https://www.kojuin.com/index.html
［歴史ロマン溢れんばかりの酒生・岡保地区］うちらのまち「語り部」ふくいブログページ https://fukuino.exblog.jp/29113949/
『新版　歎異抄』千葉乗隆（訳注）　KADOKAWA
『大日本仏教全書　第60巻』仏書刊行会（編）
仏書刊行会／国立国会図書館デジタルコレクション https://dl.ndl.go.jp/pid/952740
『現代語で読む「江戸怪談」傑作選』堤邦彦（著）祥伝社
『耳嚢』上中下巻　根岸鎮衛（著）長谷川強（校注）岩波書店
『耳嚢』1・2巻　根岸鎮衛（著）鈴木棠三（校注）平凡社
『江戸怪談集』上中下巻　高田衛（編・訳注）岩波書店
『怖い浮世絵』日野原健司／渡邉晃（著）太田記念美術館（監修）青幻舎
『うらめしい絵　日本美術に見る怨恨の競演』田中圭子（著）誠文堂新光社
《法華宗 お岩様菩提寺 長徳山 妙行寺》妙行寺リーフレット
『四谷怪談　祟りの正体』小池壮彦（著）学研
《癒しと共生の系譜　江戸時代の感染症対応》並松信久（著）京都産業大学日本文化研究所紀要第27号　国立国会図書

館書誌ID 0321022290
[見えない、聞こえない　それでも亡き人を感じる　大槌町「風の電話」に人絶えず]星野眞実雄（文）朝日新聞GLOBEプラス https://globe.asahi.com/article/14055333
『亡くなった方が望むお葬式』林数馬（著）青林堂
[おぼうさんドットコム　ホームページ] https://obohsan.com/
『小川村誌』小川村誌編纂委員会（著・編注）／小川村
[延喜式内小川神社　ホームページ] https://ogawa-shrine.com/about/
『普賢堂の民俗　宮城県栗原郡金成町普賢堂』東京女子大学史学科民俗調査団（編著）東京女子大学史学科民俗調査団／国立国会図書館デジタルコレクション https://dl.ndl.go.jp/pid/9536581/1/1
『猫神様の散歩道』八岩まどか（著）青弓社
[大梅拈華山 圓通 正法寺ホームページ] https://shoboji.net/
[浄土宗　ホームページ] https://jodo.or.jp/jodoshu/lifetime/
「中世の飢饉と立山信仰　寛正大飢饉の影響」城岡朋洋（著）『研究紀要27号』富山県立山博物館PDF https://www.pref.toyama.jp/documents/15900/27_shirooka.pdf
『日本随筆大成　第Ⅱ期　12巻（オンデマンド版）』より『笈埃随筆』百井塘雨（著）日本随筆大成編集部（編）吉川弘文館
『松本市高綱中学校遺跡Ⅱ・Ⅲ・Ⅳ』高桑俊雄／竹内靖長／三村竜一（著）松本市文化財調査報告（No.110）松本市教育委員会／奈良文化財研究所DL資料
[やさしい歴史用語解説「出家」]明石則実（著）戦国ヒストリー https://sengoku-his.com/1513
[天邪鬼]ジャパンナレッジ https://x.gd/g8YqQ

「松源寺の天の邪鬼」『下條村の民話と伝説　第2集』「松源寺の天の邪鬼」村の民話と伝説編集委員会（編著）下條史学会
「あまのじゃく　悲しい物語」永島葵（著）言葉談話室（編）朝日新聞デジタル「ことばマガジン」https://x.gd/ADVyq
「株式會社おぼうさんどっとこむ　ホームページ」https://www.obohsan.com/
「尋禅」コトバンク https://x.gd/Ynkpl
「一つ目小僧（坂本本町）」大津のかんきょう玉手箱 https://x.gd/ChWtT
「慈忍和尚廟」日本伝承図鑑 https://x.gd/d606D
『死霊解脱物語聞書』小二田誠二（解題・解説）　白澤社
『江戸の悪霊祓い師』高田衛（著）筑摩書房
『「霊魂」を探して』鵜飼秀徳（著）KADOKAWA
「怪異・妖怪伝承データベース　弘法大師　犬神」より「郷土研究一巻　犬神に就て」愛媛県小松町青年会（編著）郷土研究社／「阿波民俗　犬神調査要項」阿波民俗学会（編著）／「山陰民俗通巻3号　土佐の犬神統と蛇統」桂井和雄（著）高知県山陰民俗学会／「旅と伝説13巻6号　讃岐伝説集（続）」荒井とみ三（著）三元社
国際日本文化研究センター https://x.gd/nePue
『お位牌はどこから来たのか　日本仏教儀礼の解明』多田孝正（著）興山舎
「ミサキをめぐる考察」間崎和明（著）『社学研論集（8）』早稲田大学リポジトリ
「葦が池（よしがいけ）」公益社団法人やまなし観光推進機構 https://rekishinomichi-yamanashi.jp/ja/spot/1-68.html
「怪異・妖怪伝承データベース　親鸞」より「川原の石」「遠妙寺の石」今井福次郎（著）北都留郡郷土の史蹟／「親鸞の自画

像」横山捷彦（著）岡山民俗／「口承文芸　ぼだい樹のたたり」東洋大学民俗研究会（編著）町田の民俗　茨城県久慈郡水府村町田地区 https://x.gd/jmuZC
『百物語』杉浦日向子（著）新潮社
『八百比丘尼伝説の成立について　江戸初期の若狭小浜を中心に』冨樫晃（著）日本口承文芸学会PDF https://ko-sho.org/download/k_043/SFNRJ_K_043_09.pdf
『朝日日本歴史人物事典』朝日新聞社（編）朝日新聞社
［怪異・妖怪伝承データベース　即身仏　入定］より「和尚の祟り」東洋大学民俗研究会（編著）／「オコリ山」井田安雄（著）群馬県史資料編26／「上の山の松」森正史（監修）愛媛大学農学部付属農業高等学校郷土研究部など https://x.gd/fasLq

★読者アンケートのお願い

本書のご感想をお寄せください。
アンケートをお寄せいただきました方から抽選で
5名様に図書カードを差し上げます。
（締切：2024年4月29日まで）

応募フォームはこちら

僧の怪談

2024年4月5日　初版第1刷発行

著者……………………………………川奈まり子
デザイン・DTP……………………………延澤武
企画・編集……………………………Studio DARA

発行所……………………………株式会社 竹書房
〒102-0075　東京都千代田区三番町8－1　三番町東急ビル6F
email：info@takeshobo.co.jp
https://www.takeshobo.co.jp
印刷所……………………………中央精版印刷株式会社